Motorrad

Guide & Roadbook

Die schönsten
Routen in
der Toskana

W0085001

Petra Balzer

⊠ **Bruckmann**

Eine Produktion des Bruckmann-Teams, München
Umschlaggestaltung: Studio Schübel, Werbeagentur GmbH, München
Lektorat: Dr. Renate Dernedde
Kartografie: Elsner & Schichor, Karlsruhe
Layout und Satz: EDV-Fotosatz Huber/
Verlagsservice G. Pfeifer, Germering

Abbildung auf Umschlagvorderseite: © Lixi Laufer

Abbildung auf Umschlagrückseite und alle Fotos im Innenteil
von Petra Balzer

Alle Angaben dieses Werkes wurden von der Autorin sorgfältig recherchiert und auf den aktuellen Stand gebracht sowie vom Verlag auf Stimmigkeit geprüft. Für die Richtigkeit der Angaben kann jedoch keine Haftung übernommen werden. Für Hinweise und Anregungen sind wir jederzeit dankbar. Bitte richten Sie diese an den Bruckmann Verlag, Lektorat, Nymphenburger Str. 86, 80636 München.

Gedruckt auf chlorfrei gebleichtem Papier

Die Deutsche Bibliothek – CIP Einheitsaufnahme
Ein Titeldatensatz für diese Publikation ist bei
Der Deutschen Bibliothek erhältlich

Gesamtverzeichnis gratis:
Bruckmann Verlag, Nymphenburger Str. 86, 80636 München
Internet: www.bruckmann.de

Printed in Italy by Printer Trento S.r.l.
ISBN 3-7654-3627-5

Fahren mit Roadbook

Damit Sie die schönsten Touren ungehindert genießen können, erhalten Sie von uns das Roadbook zum schnellen Überblick zum Mitnehmen.

Mit Hilfe der Wegbeschreibungen und Kurzinfos erfahren Sie kurz und knapp, welche Abzweigungen Sie nehmen müssen und welche Attraktionen Sie am Straßenrand erwarten.

Am Anfang erhalten Sie einen kurzen Überblick über die Region und über den Routenverlauf. Das Roadbook selbst ist in übersichtliche Spalten aufgeteilt mit folgenden Informationen:

Die Kennzeichnungen **Nr./km** zählen die Kreuzungen und deren jeweilige Entfernungen zwischen den einzelnen Roadbook-Positionen auf.

Straße bezeichnet die Strecke mit der offiziellen inländischen Bezeichnung, auf der Sie sich befinden.

Position nennt die Ortschaft oder den Ort, an dem Sie sich gerade befinden.

Die Spalte **Richtung** weist darauf hin, welche Richtung Sie einschlagen müssen, um in einen Ort zu gelangen.

Piktogramme geben Ihnen genaue Anweisungen, welchen Abzweigungen Sie an den Kreuzungen folgen sollten.

Weitere Piktogramme finden Sie in der Spalte **Information**. Hier werden Sie auf besondere Sehenswürdigkeiten oder Übernachtungsmöglichkeiten hingewiesen.

Die Roadbooks finden Sie ab Seite 121.

Die einzelnen Piktogramme:

✦	Sehenswert	✕	Bikerfreundliche Gaststätte
⛪	Kirche	T	Tankstelle
🏰	Schloss	≋	Badestrand
🏛	Museum	P	Parkplatz
✳	Aussicht rundum	⋀	Campingplatz
◪	Aussicht halb	A	Alternative, Abstecher
❗	Achtung	⛴	Fähre/Schiff
☾	Hotel/Übernachtung	i	Info

Toskana –
Land
und Leute

Die Toskana ist mehr als nur die Landschaft im Herzen Italiens, umgeben von den Regionen Ligurien und Emilia Romagna im Norden, im Osten von Umbrien und im Süden von Latium.

Die Toskana ist ein Urlaubsgebiet, das fast alles zu bieten hat – von Mittelmeerstränden, Thermalbädern und Weinanbaugebieten bis hin zu einer Vielzahl kultureller Höhepunkte.

All das sind Gründe, warum für uns im Namen Toskana ein mystischer Klang von Lebenskunst und Genuss mitschwingt, denn im Glanz der Kunstwerke und angesichts der harmonischen Landschaften scheinen sich die alltäglichen Achs und Wehs aufzulösen.

Die Sehnsucht in uns nach dem Leben im langen Schatten von Zypressen und nach dem allgegenwärtigen und einfachen Glück aus Rotwein, Weißbrot und Pasta wird von unzähligen Bildbänden und Reiseführern genährt. Das war nicht immer so: Goethe verließ Florenz so schnell wie möglich, und Charles Dickens sah in der Toskana nur öde und trostlose Landschaften. Doch wir suchen sehnsüchtig die Zypressenalleen, die uns zu Weingütern führen, und träumen von sanft gewellten Hügeln, die eingetaucht sind in ein verklärtes Licht. Überall findet man Spuren der Etrusker, die dieser Region den Namen gaben. Nach ihnen, die auf Lateinisch tusci hießen, trägt die Toskana ihren Namen. Die Spuren der etruskischen Kultur können wir in Museen besichtigen, und auch Nekropolen legen Zeugnis der etruskischen Epoche ab.

Das Erbe der Etrusker

Die Etrusker waren vermutlich Völker, die im 10. Jh. v. Chr. aus Kleinasien einwanderten und sich mit den Ureinwohnern der Toskana vermischten. Sie errichteten Städte wie Volterra, Chiusi, Fiesole und Arezzo, die sie malerisch auf Hügel und Bergrücken setzten. Der Lebensgenuss stammt wohl auch von ihnen, denn viele erhaltene Kunstwerke zeigen, wie den leiblichen Genüssen nachgegangen wurde. Nach den Etruskern kamen die Römer, die uns Theater und Tempel wie in Fiesole und Volterra hinterließen. Doch die Blütezeit der toskanischen Kultur war im Mittelalter, als die Region zu einem wichtigen Handels- und Geldzentrum wurde. Die Kaufleute handelten mit Stoffen und Gewürzen, Holz und Juwelen. Aus dieser Zeit stammen Begriffe wie Kredit, Konto oder Lombardsatz. Wo das Wirtschaftsleben gedeiht, erblüht auch das kulturelle und geistige Leben. Die Renaissance, die dem Menschen seinen eigenen Wert jenseits der göttlichen Gnade bewusst machte, ging von Florenz aus; toskanische Künstler wie Michelangelo entdeckten den Einzelnen, und

Idyllisches toskanisches Dorf

Leonardo da Vinci erforschte die naturwissenschaftlichen Gesetze. Beide schufen damit unvergleichliche Werke. Dichter wie Dante und Bocaccio waren Väter der italienischen Literatur – sie schrieben ihre Werke in Italienisch bzw. im toskanischen Dialekt und nicht wie damals üblich in Latein.

Kunst
in der Toskana

Michelangelo (1475 – 1564) war ein radikaler Gegner der mächtigen und berüchtigten Herr-

*Silencio,
per favore*

scherfamilie der Medici. In seiner Kunst hat er seinen politischen und gesellschaftlichen Überzeugungen durchaus Ausdruck gegeben; so ist seine berühmte Skulptur David sicherlich auch als politisches Kunstwerk zu betrachten, ist sie doch eine Freiheitsstatue, die er nach der Entmachtung der Medici im Auftrag der Stadt schuf. Später widmete sich Michelangelo als Republikaner der Politik und wurde der oberste Aufseher und Planer der Florentiner Verteidigungsanlagen; 1530, nach dem Zusammenbruch der Republik, lebte er zeitweise im Untergrund. Die Werke aus der Renaissance und dem Mittelalter lassen sich heute noch bewundern. Nach dieser Blütezeit verlor die Toskana an Bedeutung, und die »mageren« Jahrhunderte, die folgten, ließen die Städte, deren Zentren wir heute so bestaunen und bewundern, fast unverändert. Dabei sind oft die kleineren Orte wie Massa Marittima oder Montalcino unverfälschter geblieben als die bekannten Städte wie Siena oder Florenz, die den Reisenden besonders anziehen.

Trotz des Stroms von Touristen haben die Toskaner es verstanden, dass keine Bettenhochburgen die kulturellen und landschaftlichen Anziehungspunkte zubetoniert haben.

Dennoch ist die Toskana keine unberührte Natur, sondern ein Landstrich, der bereits vor mehr als 2000 Jahren von Menschen geformt und verformt wurde. Die 22 990 Quadratkilometer haben Schlachten erlebt, wurden von Mönchen, Bürgern und Herrschern besiedelt und von Bauern bewirtschaftet. Zum eigenen Ruhm, zum Schutz der Menschen und zur Ehre Gottes wurden Kirchen und Paläste errichtet, manchmal wieder zerstört und neu errichtet.

Den typischen Toskaner gibt es jedoch nicht, denn wie die Toskana aus zahllosen Landschaften besteht – sie ist zu fast 70 Prozent hügelig, zu 25 Prozent bergig und zu 5 Prozent eben –, so unterscheiden sich auch die Menschen in den verschiedenen Regionen. Nicht einmal der toskanische Dialekt wird überall gleich gesprochen, und die Küche unterscheidet sich ebenfalls, manchmal sogar von einem Ort zum anderen. Und genau das macht den Reiz der Toskana aus: der Gegensatz.

Kleinode am Wegesrand

Sinnliche Genüsse

Die Toskana ist ja ein Wallfahrtsort für alle Feinschmecker, denn wie fast keine andere Region Italiens offenbart sie eine Vielfalt an kulinarischen Genüssen. Jede Gegend und jeder Ort hat seine Spezialitäten, die nicht aus dem Wunsch nach Sensationellem geboren wurden, sondern aus der langen Tradition heraus. Dabei ist die Schlichtheit der Zubereitung die Basis aller Gerichte. Charakter

und Eigenart der Küche werden durch das aromatische *Natur im* Olivenöl, die würzigen Kräuter und das salzlose Brot *Gegensatz* bestimmt. Doch vor allem der Weinanbau wurde zum wichtigen Motor der toskanischen Landwirtschaft. Die ausgezeichnete Qualität von Chianti, Brunello di Montalcino und Vino Nobile di Montepulciano eroberte unsere Gaumen wie auch der Schafskäse aus der Crete und das Gemüse aus den Flussniederungen.

Das sinnliche Lebensgefühl und der Wunsch nach kulinarischen Gaumenfreuden erfüllen uns eine Vielzahl von Trattorien, Osterien, Ristoranti und Pizzerien.

Antipasti
Typische antipasti (Vorspeisen) sind crostini, geröstete Brote mit Leberpastete, oder fettunta, geröstetes und mit Olivenöl getränktes Brot. Daneben bietet sich die würzige toskanische Salami wie die finocchia mit Fenchelsamen an. Eine Delikatesse sind auch die salsicce di cinghiale (Wildschweinwürstchen).

Primi Piatti Diese warmen Vorspeisen teilen sich vor allem auf in Suppen, z.B. ribollita aus Gemüse, Kohl und Brot, abgerundet mit Olivenöl, und natürlich Pasta. Pasta wird in Italien nur als Vorspeise bestellt, und in manchen Restaurants kann man Nudeln nur mit einem secondo piatto (Hauptgericht) bestellen.

Secondi Piatti Hier wird vor allem Fleisch, Fleisch und nochmals Fleisch angeboten. Für Vegetarier also ein schwieriges Unterfangen, auf der Speisekarte etwas Entsprechendes für sich zu finden. Vielleicht die gebackenen Artischocken, tortino di carciofi.

Neben bistecca alla fiorentina, einem gewaltigen Rindersteak auf Holzkohlenfeuer gegrillt, bietet die Karte Wildbret wie lepre (Hase), cinghiale (Wildschwein) oder Innereien. Hinter trippa alla fiorentina verbergen sich Kutteln in Tomatensauce. An der Küste bestimmt auch der Fisch die secondi piatti.

In jedem kleinen Ort findet sich ein Ristorante.

Albergo in Monticiano

Die Beilagen, contorni, werden separat bestellt. Dazu zählen neben den klassischen patate fritte (Pommes Frites) auch toskanische Spezialitäten wie fagioli all'uccelletto, weiße Bohnen in Tomatensauce.

Zum Essen trinkt man aqua minerale (Mineralwasser) mit (gasata) oder ohne (naturale) Kohlensäure – und natürlich Wein.

Dolci (Süßspeisen) oder Pecorino (Schafskäse) runden das Essen ab, falls dann überhaupt noch Platz im Magen ist. Zum Ausklang kann man jedoch auch Cantuccini (Mandelgebäck) in den toskanischen Dessertwein Vino santo eintauchen und dann in die toskanische Nacht abtauchen ...

Doch vorher muss noch die Rechnung (il conto) bezahlt werden. In Itallen ist es ublich, sie je Tisch auszustellen und nicht je Person. Pane und coperto (Brot und Gedeck) werden dabei manchmal extra ausgewiesen. Das Trinkgeld liegt bei ca. 5 Prozent des Rechnungsbetrages und bleibt einfach auf dem Tisch liegen. Das Aufrunden wie bei uns in Deutschland mit »Stimmt so« ist nicht üblich.

ALLGEMEIN

Die Toskana ist die fünftgrößte Region in Italien und teilt sich in neun Provinzen auf: Arezzo, Massa e Carrara, Florenz, Grosseto, Livorno, Lucca, Pisa, Pistoia und Siena.
Sie umfasst Teile des Apennin, die Küstenniederungen der Maremma und die Inseln des toskanischen Archipels mit Elba als der größten.

REISEZEIT

Im Frühjahr entfaltet die Landschaft bereits ihre Pracht. Eine Jahreszeit, die bei einer Anreise über den Bernadino oder Brenner allerdings warme Unterwäsche und Regenkombi notwendig macht; Heizgriffe können sich hierbei wärmstens empfehlen. In den Monaten Juli und August ist es sehr heiß, und die Küstenorte am Tyrrhenischen Meer sind voll von italienischen und ausländischen Touristen. Der Herbst ist für einen kulinarischen Trip besonders geeignet, da die Jagdsaison eröffnet wird und Wein und Kastanien geerntet werden. Im März und Oktober sind Schneefälle in den Alpen durchaus möglich.

ANREISE

Fast alle Wege führen in die Toskana: Am schnellsten geht es über die Brennerautobahn via der A22 Bozen, Verona und Modena. Eine Strecke, die leider auch viel befahren ist.
Alternativ kann man über den Gotthard oder San Bernadino-Pass ab Mailand auf der A2 fahren. Bei allen Strecken fallen Mautgebühren an, die Brennerautobahn schlägt mit zusätzlich 16 DM zu Buche. Wer über Öster-

reich einreist, muss als Motorradfahrer einen Verbandskasten mit sich führen. Die Durchfahrt bei Bregenz durch den Pfändertunnel ist seit 1. Juli 2000 frei.

DER AUTOREISEZUG – ANREISEN OHNE STRESS

Wir sind per Autoreisezug von München nach Rimini gefahren. Eine Alternative, die durchaus lohnend ist, wenn man Zeit, Benzinkosten und Autobahngebühren miteinander vergleicht.

Die Autoreisezüge verkehren von München nach Rimini, von Frankfurt am Main und Dortmund nach Livorno. Die einfache Hinfahrt kostet z.B. in der Nebensaison fürs Motorrad 109 DM und ein Schlafwagenabteil für zwei Personen 313 DM. Ein Platz im Liegewagen kostet nur 92 DM. Die Rückfahrt ermäßigt sich bei gleichzeitiger Buchung von Hin- und Rückfahrt.

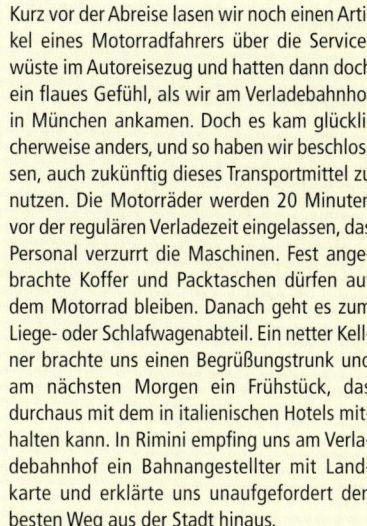

Kurz vor der Abreise lasen wir noch einen Artikel eines Motorradfahrers über die Servicewüste im Autoreisezug und hatten dann doch ein flaues Gefühl, als wir am Verladebahnhof in München ankamen. Doch es kam glücklicherweise anders, und so haben wir beschlossen, auch zukünftig dieses Transportmittel zu nutzen. Die Motorräder werden 20 Minuten vor der regulären Verladezeit eingelassen, das Personal verzurrt die Maschinen. Fest angebrachte Koffer und Packtaschen dürfen auf dem Motorrad bleiben. Danach geht es zum Liege- oder Schlafwagenabteil. Ein netter Kellner brachte uns einen Begrüßungstrunk und am nächsten Morgen ein Frühstück, das durchaus mit dem in italienischen Hotels mithalten kann. In Rimini empfing uns am Verladebahnhof ein Bahnangestellter mit Landkarte und erklärte uns unaufgefordert den besten Weg aus der Stadt hinaus.

Auskunft und Buchung über das Servicetelefon: 0180 – 5 24 12 24 oder unter www.db-autoreisezug.de.

ÖFFNUNGSZEITEN

Üblicherweise haben die Geschäfte montags bis freitags von 8.30 bis 12.30 Uhr geöffnet, und nach einer langen Mittagspause wieder von 15.30 bis 19.30 Uhr. In Touristenorten sind die Läden aber meistens noch etwas länger geöffnet. Streiks oder andere Gründe können dazu führen, dass die Öffnungszeiten von Museen immer wieder geändert werden. In der Regel sind sie jedoch vormittags von 9 bis 14.00 Uhr für Besucher zugänglich. Grundsätzlich gilt, dass in Italien alle öffentlichen Einrichtungen eine ca. dreistündige Mittagspause einhalten.

INFORMATION

Fast in jeder Stadt findet sich ein Touristenbüro, das im Allgemeinen bis 13.00 oder 14.00 Uhr geöffnet ist. Hier die wichtigsten Adressen der Informationsbüros in den Provinzhauptstädten:

Arezzo, Piazza Risorgimento 116
Carrara, Piazza 2 Giugno 14
Florenz, Via Alessandro Manzoni 16
Grosseto, Via Monterosa 206
Livorno, Piazza Cavour 6
Pisa, Lungarno, Mediceo 42
Pistoia, Corso Gramsci 110
Siena, Via di Città 5

ÜBERNACHTUNGEN

Der Adel ist auch nicht mehr das, was er mal war, und deshalb hat er häufig aus Geldmangel heraus seine Schlösser und Paläste zu noblen Quartieren umfunktioniert. Historisches Ambiente vermitteln daneben auch viele Klöster, in denen man nächtigen kann. Es muss aber nicht teuer sein, denn die riesige Auswahl an Landhäusern oder Alberghi mit ihrem Charme erfüllt fast jeden Wunsch.

LANDHÄUSER, VILLEN UND APARTMENTS

Die Vermittlung von Deutschland aus bietet eigentlich jedes Reisebüro. Wir haben darauf verzichtet und sind immer spontan abgestiegen. Während der Hochsaison ist es allerdings ratsam, vorab zu buchen. Die Preise steigen vor allem in den Touristenzentren an der Küste und auf Elba. Das italienische Fremdenverkehrsamt hat ein Faltblatt »Alberghi in edifici di Interesse Storico e Artistico« herausgebracht.

AGRITURISMO

Preiswerte Ferien bieten diese Bauernhöfe, die zudem Weinverkostungen und Verpflegung mit anbieten.

Auskunft: Agriturist, Piazza San Firenze 3, Florenz, Tel. 0 55 28 78 38.

CAMPINGPLÄTZE

Wer das Zelten nicht dem Zufall überlassen will, findet im ADAC-Campingführer eine gute Auswahl an Campingplätzen. Alternativ dazu gibt es Anbieter wie Eurocamp oder Eurosites, die vollausgestattete Zelte und Bungalows anbieten. Nur der Schlafsack muss mitgebracht werden. Vom Besteck bis zur Campingliege oder dem Bett und mancherorts auch dem Grill ist alles vorhanden.
Auskunft: www.eurosites.de oder www.eurocamp.de

GELD/WÄHRUNG

Das wechselt man am besten in den Banken. Noch günstiger und bequemer ist es, das Geld per EC-Karte direkt in Italien abzuheben. Die Bedienung der Geldautomaten (Bancomat) ist in der Regel in den wichtigsten europäischen Sprachen erklärt. Die Quittung sollte man aufheben, nicht nur zur Kontrolle zu Hause, sondern auch bei evtl. Polizeikontrollen. Es können saftige Strafgebühren anfallen, wenn man erhaltene Dienstleistungen nicht mit einer ordnungsgemäßen Quittung nachweisen kann.
Zahlen kann man auch mit der Kreditkarte. Visa, Eurocard und Mastercard werden fast überall akzeptiert.

NOTRUF/PANNENHILFE

113 – Polizei, Feuerwehr und Notdienst
116 – Pannenhilfe ACI, mehrsprachiger Pannendienst
02 66 15 91 ADAC-Notrufdienst für Italien, Mailand

KRANKHEIT

Die Konsulate oder der ADAC informieren über deutschsprachige Ärzte im Ausland.

Unfallaufnahmen der Krankenhäuser, Pronto Socorso und der Notarzt in kleineren Orten, Guardia Medica, helfen natürlich auch.
Auskunft: Deutsches Konsulat in Florenz, Lungarno Vespucci 30, Tel. 0 55 29 47 22
Für Mitglieder einer gesetzlichen Krankenkasse ist die medizinische Versorgung kostenlos, wenn man den Auslandskrankenschein E 111 vorweisen kann.

ADAC-Ambulanzdienst
München: 00 49 89 76 76 76
ADAC-Notrufzentrale
München: 00 49 89 22 22 22

PARKEN

Fast alle historischen Innenstädte sind für den Verkehr gesperrt.

TELEFONIEREN

Münzfernsprecher nehmen 100-, 200- und 500-Lire-Münzen. Telefonkarten gibt es in Zeitungskiosken (tabacchi) oder in den Telekom-Läden. Vorwahl nach Deutschland ist die 00 49. Die italienische Ortsnetzkennzahl muss auch bei Ortsgesprächen mitgewählt werden. Handys können im D1- und D2-Netz sowie E-Plus benutzt werden.

ROUTEN IN DER TOSKANA

Kleiner Sprachführer

Die Aussprache italienischer Wörter ist im Prinzip einfach. Häufig wird auf der vorletzten Silbe betont. Die Aussprache entspricht mit wenigen Ausnahmen der Schreibweise:

C und G werden vor i und e als »tsch« bzw. »dsch« gesprochen, d.h. Cina = »Tschina".

Vor a, o, u und h als k bzw. g: Chianti = »Kianti«.

Gn und gl werden wie »nj« bzw. »lj« gesprochen, d.h. Gnocchi wie »njokki«. Der Buchstabe h wird gar nicht ausgesprochen, ha = »a«.

Allgemein

Guten Tag	Buongiorno
Hallo	Ciao
Wie geht´s	Come sta?
Danke, gut	Bene, grazie
Ich heiße	Mi chiamo

Essen und Trinken

Die Speisekarte	il menu
Brot	pane
Kaffee	caffè
Tee	tè
Suppe	minestra
Fisch	pesce
Fleisch	carne
Geflügel	pollame
Beilage	contorno
Bier	birra
Aperitiv	aperitivo
Mineralwasser	aqua minerale
Frühstück	prima colazione
Mittagessen	pranzo
Abendessen	cena
Ich möchte bezahlen	Il conto, per favore

Im Hotel

Ich suche ein Zimmer für …. Personen	Cerco una camera per … persone
Mit Dusche und Toilette	Con doccia e servizio
Mit Balkon	Con balcone
Wieviel kostet das Zimmer pro Nacht	Quanto costa la camera per notte
Mit Frühstück	Con prima colazione
Kann ich das Zimmer sehen	Posso vedere la camera
Haben Sie ein anderes Zimmer	Avete un´altra camera
Das Zimmer gefällt mir	Mi piace la camera
Kann ich mit Kreditkarte zahlen	Posso pagare con carta di credito
Wo kann ich parken	Dove posso mettere la moto

Notfälle

Ich brauche einen Arzt	Ho bisogno di un medico
Rufen Sie bitte einen Krankenwagen (die Polizei)	Chiami un´ambulanza, per favore (la polizia)
Wo ist das Polizeirevier	Dov è la polizia
Ich bin bestohlen worden	Mi hanno derubato

Die Zahlen

1	uno	16	sedici
2	due	17	diciasette
3	tre	18	diciotto
4	quattro	19	dicianove
5	cinque	20	venti
6	sei	100	cento
7	sette	200	duecento
8	otto	300	trecento
9	nove	400	quattrocento
10	dieci	500	cinquecento
11	undici	600	seicento
12	dodici	700	settecento
13	tredici	800	ottocento
14	quattrodici	900	novecento
15	quindici	1000	mille

Pannenwörterbuch

Einige hilfreiche Redewendungen für den Motorradfahrer:

Wie komme ich zum Händler...	Come arrivo dal concessionario...
Ich habe eine Panne mit dem Motorrad	Ho un guasto alla mia moto
Ich habe eine Reifenpanne	Ho forato un pneumatico
Das Motorrad springt nicht an	La moto non si avvia
Die Bremse funktioniert nicht	Il freno non funziona
Geräusche im Getriebe	Rumorosità nel cambio
im Motor	nel motore
in der Vorderradgabel	nel forcella anteriore
im Hinterradantrieb	trasmissione finale
Wie teuer ist die Reparatur	Quanto costa la riparazione
Können Sie mein Motorrad abschleppen	Può rimorchiare la moto

Ausflüge zu den Klöstern

Die Strecke führt uns durch einsame und gebirgige Landschaft, in der eingebettet Bergklöster, romanische Dorfkirchen und Laubwälder liegen. Die steilen und kurvenreichen Straßen halten hinter jeder Kehre eine Überraschung parat.

Der Pfad der Dorfkirchen

Die Tour führt uns von Bagno di Romagna auf der SS 71 den Passo dei Mandrioli hinauf. Hier findet man alle Grüntöne, die die Farbpalette zu bieten hat, vom heiteren Pastellgrün der Olivenbäume bis hin zum dunklen Grün der Nadelwälder. Die SS 71 nach Badia Prataglia nennt man auch »Pfad der Dorfkirchen«, denn fast jeder Ort hier auf der Strecke hat ein Gotteshaus, in dem Altarbilder und andere Kostbarkeiten gehütet werden. Am Ende der Strecke warten die Serpentinen auf uns. Gemeinsam mit unzähligen Radrennfahrern geht es die Kurven steil

Nach den ersten Kehren genießen wir eine kleine Pause im Schatten.

NÖRDLICHE TOSKANA

Eine einsame Kurvenstraße, die durch das Casentino führt

hinauf nach Badia Prataglia mit dem Informationsbüro des Parco Nazionale, der sich von La Verna bis hoch in den Norden ausdehnt. Direkt am Ortseingang befindet sich links die Bar Imperio, dort gönnen wir uns erst einmal einen Cappuccino, erkundigen uns nach den neuesten Fußballergebnissen und genießen die Sonne.

Nach der Pause geht es direkt gegenüber der Bar rechts ab in Richtung Moggiona weiter. Die kurvige Strecke führt durchs Casentino, ein Landstrich, der vom Massentourismus bislang kaum berührt wurde.

Die verwunschene Einsiedelei Eremo di Camaldoli

Das Casentino ist das obere Arnotal inmitten der Gebirgsrücken des Pratomagno im Westen und der Serra- und Catenai-Alpen im Osten. Die dichten Kastanienwälder warten auch im Sommer mit angenehmen Temperaturen auf und sind ideal für ein Picknick. Das lädt die Sommerfrischler aus Firenze ein, die Strecke für uns zu einem kleinen Abenteuer zu machen: Die teils uneinsichtige Straße bietet am Ende der engen Kurven häufig eine überraschende Begegnung mit Wohnmobilen. Nach 8 km liegt rechts Camaldoli, das Stammkloster der Kamaldulensermönche, das der Benediktinermönch Romuald vor fast 1000 Jahren in 812 m Höhe bauen ließ. Ein Fleckchen Erde, das vor allem die Italiener zu einem Spaziergang verlockt und neben einem Restaurant und einer schönen Klosterkirche auch ein Pilgerhospiz bietet. Wer noch einen Platz in der Gepäckrolle oder im Seitenkoffer hat, sollte bei der Antica Farmacia haltmachen, die malerisch über einem Bach liegt. Hier verkaufen die Mönche der Einsiedelei Eremo di Camaldoli Selbstgemachtes: Neben kulinarischen Besonderheiten wie Trüffelöl, Kräuterlikör und Bonbons gibt es auch Zahnpasta und Badesalz, mit dem Sie Ihre Kulturtasche füllen können. Die Einsiedelei beherbergt die Erlöserkirche und Mönchszellen, die in eine Vielzahl von kleinen Gärten eingebettet sind. Die Klause Romualds kann besichtigt werden.

Toskanische Wärme

Von Eremo di Camaldoli geht es auf einer nicht asphaltierten Straße steil hinab Richtung Poppi; die Hügel, Wälder und Bäche des Casentino verabschieden sich, denn bei Moggiona tauchen erstmals Zypressen, noch verloren auf entfernten Hügeln, im Blickfeld auf.

Bei Poppi fängt uns bereits die toskanische Wärme ein, wenn wir auf der SS 70 Richtung Consuma/Firenze weiterfahren. Die toskanische Landschaft fliegt an uns vorbei,

Warnung vor Kurven – ständige Wegbegleiter durch das Casentino

NÖRDLICHE TOSKANA

während wir diese Strecke nach Consuma swingen. Herrliche Kurven, die uns den Blues spielen, während wir an Tartiglia und dem Monte Pomponi vorbei nach Consuma und weiter bis Diacceto fahren. Die Gegend ist gut bestückt mit mittelalterlichen Häusern, und die case coloniche, die schlichten Arbeiterhäuser, sind sehenswert. Sie sind zugleich massiv und elegant, und doch schmeicheln sie sich auf natürliche Art und Weise in die Landschaft ein. Wir biegen links nach Vallombrosa ab. Die Straße steigt an, und die bergige Umgebung wird wieder waldiger, Pratomagno genannt. Er ist der Übergang zum Chianti Rufina – die Rebstöcke entschwinden in der Ferne. Eine kleine Seitenstraße führt rechts zur Pieve a Pitiana, eine der typischen wuchtigen romanischen Kirchen am oberen Arno. Der Weg geht durch das Dorf Tosi, ein kleiner Ort, der für seine Möbelschreinerei bekannt ist, weiter in Richtung Saltino. Auf schmaler Waldstraße erreichen wir den Pian di Melusa und sind umgeben von dichtem Kiefernwald, der uns eher an bayerische Wälder oder an Tirol erinnert.

Herrliche Aussichten auf bewaldetes Gebirge, das mehr an bayerische Wälder erinnert als an typische toskanische Landschaften

»Bayerische« Wälder

Der Wald, bis 1860 in klösterlichem Besitz, bietet eine eindrucksvolle Mischung aus dem dunklen Grün der Nadelbäume und dem vitalen Kupferton der Buchen, die sich entlang der Straße reihen. Nach einem Kilometer stoßen wir nach einer scharfen Kurve auf das Kloster Vallombrosa. Die Vallombrosaner waren ein Mönchsorden, der sich von den Benediktinern abgesplittet hat. Das imposante Gebäude inmitten beeindruckender Kiefernwälder des Pratomagno kann besichtigt werden. Die Kirche ist immer offen, und die Abtei ist von Juni bis September mit Führung zugänglich. Forellenteiche und die Überreste des Küchengartens lassen die Betriebsamkeit vergangener Zeiten auferstehen. Von der schmalen Waldstraße aus sieht man die Italiener bei ihren geliebten Picknicks. Ausladende Gesten und Stimmengewirr begleiten uns, während wir auf der Suche nach einem Hotel und vorbei an Ausflüglern und Wanderern durch den dichten Wald fahren.

Schilderwald

Nr.	Straße km	Position	Richtung	Information	
7	- 18 km	Pian di Melusa	Vallombrosa	sehr schmale kurvenreiche Waldstraße, Kloster Vallombrosa	- 18 km
6	- 8,5 km	Diacceto	Vallombrosa	Naturschutzgebiet, sehr enge Waldstraße, Sonntags starker Ausflugsverkehr	- 0,5 km
5	SS 70 21 km	Pontassieve / Firenze	Diacceto	Abzweigung links	SS 70 21 km
4	SS 70 18 km	Moggiona	Consuma Firenze	herrlich schwungvolle Straße	SS 70 18 km
3	SP 69 4 km	Moggiona	-	enge Waldstraße mit Kehren, teilweise schlechter Belag, Kloster Camaldoli	SP 69 4 km
2	SP 69 18 km	Badia Prataglia	Passo Fagnacci	schmale kurvenreiche Bergstraße Bar Imperio, Informationszentrum Nationalpark	SP 69 18 km
1	SS 71 18 km	Bagno di Romagna	Passo dei Mandrioli	Serpentinenstraße Pfad der Dorfkirchen	SS 71 18 km

Dieses Roadbook zum Heraustrennen im Anhang

NÖRDLICHE TOSKANA

AREZZO

Die alte Bergstadt Cortona und das reiche Arezzo, dessen größter Schatz der Freskenzyklus des Piero della Francesca ist, liegen im Zentrum der Provinz Arezzo. Sie reicht im Norden bis zum Monte Falterona, wo der Arno entspringt, und umfasst das bewaldete Casentino und die schön gelegenen Klosteranlagen von Camaldoli und Vallombrosa.

 **INFORMATION**

• **Arezzo**
Piazza Risorgimento 116
Tel. 0575 239 52
Fax 0575 280 42

 **UNTERKUNFT**

• **Caprese Michelangelo**
Berghotel Fonte della Galletta
Alpe Faggetta
Tel. 0575 79 39 25
Fax 0575 79 36 52
Auf 700 m Höhe liegt dieses Berghotel südöstlich von Bibbiena, beim Ort Caprese Michelangelo, inmitten Schatten spendender Kastanien. Die Zimmer sind schlicht und einfach.

• **Bibbiena**
Borgo Antico
Via Bernado Dovizi 18, Bibbiena
Tel. 0575 53 64 45
Fax 0575 53 64 47
Ein günstiges Hotel mit dem Flair eines einstigen Palazzos.
Swimmingpool und Tennisplätze sind geboten sowie ein gutes Restaurant.

• **Cortona**
San Luca, Piazza Garibaldi 2
Tel. 0575 63 04 60
Fax 0575 63 01 05
Herrlich gelegenes Hotel mit erschwinglichen Zimmern.

Die toskanische Wärme fängt uns bei Moggiona ein.

Kurvenreiche Waldstraße mit Spaßfaktor

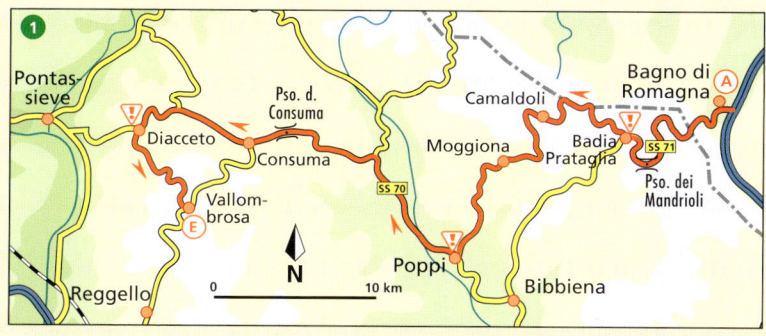

ESSEN & TRINKEN

• **Cortona**
Tonino, Piazza Garibaldi 2
Restaurant mit typischen Gerichten der Region.

Loggetta, Piazza Pescheria 3
Toskanische Küche in einem Palast aus dem 16. Jh.

MOTORRADFAHREN

Das Casentino bietet abwechslungsreiche Straßen, die kurvenreich durch Waldgebiete führen. Hier ist es angebracht, warme Kleidung dabei zu haben. In den Waldgebieten sind die Straßen häufig unbefestigt. Auf diesen schmalen Strecken begegnet man gerade am Wochenende vielen Ausflüglern, die mit Wohnmobil zum Picknick unterwegs sind.

VERANSTALTUNGEN

• **Arezzo**
Jedes erste Wochenende im Monat findet im Zentrum der Antikmarkt statt.

• **Cortona**
Essfest für Fleischfreunde am 14./15. August.

Im Kurven-rausch

Steile Anfahrten, hinter denen sich Orte wie das Castel di Romena verbergen, liegen auf dieser Strecke. In höheren Lagen winden wir uns durch die imposanten Landschaften des Casentino, die durch ihre Farbpalette beeindrucken.

Farbenpracht und gutgelaunter Fahrrhythmus

Am nächsten Morgen starten wir von Vallombrosa wieder Richtung Consuma. Dichter Wald und rauschende Wasserfälle säumen die Straße hinunter nach Consuma. Dort öffnet sich die Landschaft wieder, und es kehren Rebstöcke und Olivenbäume zurück ins Blickfeld. Die Farben sind pastellig und wir swingen wie am Vortag die SS 70, die gut ausgebaute und asphaltierte Straße entlang in Richtung Poppi bis Tartaglia – diesmal eine Spur rhythmischer.

Hier kommt Freude auf: Diese Straße führt durch die reizvolle Landschaft des Casentino.

NÖRDLICHE TOSKANA

31

Dieses Kleinod liegt an der herrlichen SS 70 mit ihren einladenden Kurven.

Die Sonne brennt bereits herunter, ein Grund mehr, das Castel di Romena zu besichtigen, das sich mit seinen klaren und einfachen Formen der Romanik gut in die sanfte geschwungene Landschaft einpasst. Nachdem wir die Alleenzufahrt passiert haben, breitet sich von der oben gelegenen Burgruine aus das Arnotal in seiner ganzen Schönheit vor uns aus.

CASENTINO

Das Casentino ist ein stilles und ruhiges Erholungsgebiet im oberen Arnotal. Die Spezialität der Region sind handgewebte Stoffe und Teppiche. Die Ortschaften Bibbiena, Poppi und Soci sind sehenswert.

*Ort der Ent-
spannung*

Castel di Romena

Das Castel di Romena beherbergt eine archäologische Sammlung und ein Waffenmuseum. Viel ist von der alten Burg nicht mehr zu sehen, doch die Anlage selbst ist gepflegt und bietet schattige Plätze, um einen Moment inne zu halten und sich zu entspannen. Jetzt geht es auf der SS 310, der Siebenbrückenstraße, weiter in Richtung Stia dem Arnotal entgegen. Bei Stia biegen wir links in Richtung Londa/Rufina ab und befinden uns auf der SS 556 in Richtung Londa/Rufina, die den Arno flankiert und deshalb als besonders attraktiv gilt. Das haben sich an diesem Sonntag wohl alle Ausflügler gedacht: Auch wenn die Straße gut ausgebaut ist, läuft es nicht so beschwingt, denn hier ergießt sich der Verkehr aus den Flusstälern, und gerade am Sonntag Abend kann es zu Staus kommen, in denen man vielleicht etwas vom italienischen Temperament der Autofahrer erlebt. Der Arno selbst, den wir ein Stück begleiten, entspringt nicht weit von Pontassieve entfernt und verläuft

Abseits des Wochenendverkehrs vermittelt die SS 551 eine fast heimelige Atmosphäre.

dann in einem schwungvollen Bogen zuerst südlich durch Poppi und Bibbiena.

Das Arnotal

Der Fluss macht kurz vor Arezzo fast eine Kehrtwendung und fließt zurück nach Nordwesten. Auf diesem Teil, kurz bevor der Arno auf die Sieve trifft, ist der Olivenanbau und ebenso der Weinanbau präsent. Bei Contea geht es auf der SS 551 wieder zurück in Richtung Rufina/Pontassieve. Pontassieve liegt östlich von Florenz in einem Gebiet, das besonders reizvoll ist, die Stadt selbst leidet etwas unter dem vielen Verkehr und ist eher trist als ansehnlich.

Wir begleiten jetzt die Sieve ein fünf Kilometer langes Stück bis Scopeti und verabschieden uns dort in Richtung Consuma, an Castiglioni vorbei. Endlich wieder Kurven, und der Verkehr nimmt erfreulicherweise ab. Vielleicht packt uns aber auch nur die Vorfreude auf das kleine Etappenstück der SS 70, die nun folgt. Diesmal treffen wir auf eine Vielzahl von Gleichgesinnten, denen wir in der langen Kurvenstrecke bis kurz vor Consuma begegnen. Wir verabschieden uns von dieser Herausforderung und kehren auf der schmalen Straße zurück nach Vallombrosa. Es ist später Nachmittag, und hier wird es kühl – ein Grund mehr, warum wir morgen in wärmere Gefilde weiterziehen möchten.

Nr.	Straße km	Position	Richtung	Information		
10	- 17 km	San Franecesso	Vallom-brosa	schmale kurvige Waldstraße, mit unzähligen Kehren		17 km
9	- 1 km	Rignano	Consuma	ansteigende Kurvenstraße		1 km
8	SS 69 1 km	Pontassieve	Rignano	Weingüter, kurvige Landstraße, Übernachtungsmöglichkeit		SS 69 1 km
7	SS 69 - km	Scopeti	Firenze	links bis Pontassieve		SS 69 - km
6	SS 67 14 km	Contea	Firenze / Scopeti	Arno- und Sievetal, an der Sieve entlang, reizvolle kleine Dörfer, viel Wochenendverkehr, relativ gut ausgebaut, bis Scopeti		SS 67 14 km
5	SS 510 26 km	Stia	Pontassieve	links halten, auf der SS 510 bleiben bis Contea, viele Wochenendausflügler		SS 510 26 km
4	SS 310 4 km	Tartiglia	Stia	Siebenbrückenstraße kurvig, aber etwas langsamer als die SS 70		SS 310 4 km
3	SS 70 4 km	Castel di Romena	Abstecher	Alleenzufahrt nicht befestigt; Archäologische Sammlung, Waffenmuseum; herrlicher Ausblick		SS 70 4 km
2	SS 70 11 km	Consuma	Poppi	wunderschön geschwungene Straße		SS 70 11 km
1	- 9,5 km	Vallombrosa	Consuma	enge Kurvenstraße; nach rechts		9,5 km

Dieses Roadbook zum Heraustrennen im Anhang

INFORMATION

• **Arezzo**
Piazza Risorgimento 116
Tel. 0 57 52 39 52
Fax 0 57 52 80 42

UNTERKUNFT

• **Rufina**
Fattoria di Petrognano
Via di Petrognano 40, Pomino
Tel. 055 831 88 12
Fax 055 831 67
Das Anwesen bietet Doppelzimmer oder auch Apartments für 2–10 Personen. Es liegt in den Rufina-Bergen in der berühmten Weinregion Pomino. Wer es locker und familiär mag, ist hier richtig. Das Essen wird unter weißen Gewölben im ehemaligen Stall eingenommen.

• **Caprese Michelangelo**
Berghotel Fonte della Galletta
Alpe Faggetta
Tel. 057 579 39 25
Fax 057 579 36 52

13 modern ausgestattete Zimmer finden sich in diesem Berghotel. Das Restaurant bietet heimische Gerichte von Polenta aus Kastanienmehl bis zu Wild und Trüffeln.

WEINGÜTER MIT AGRITURISMO-WOHNUNGEN:

• **Pomino**
Fattoria di Petrognano
Via di Petrognano 40
Der Wein wird in unterirdischen Kellern gelagert. Von Oktober bis Ostern geschlossen.

• **Montebonello**
Fattoria di Basciano
Azienda Agricola Capiteto
Mit Swimmingpool.

ESSEN & TRINKEN

• **Pratovecchio**
Gliaccaniti
Klein und gemütlich, traditionelle Zubereitung.

• Castelfranco di Sopra
Vicolo del Contento
Gepflegtes Restaurant mit erst-klassiger Küche und Weinaus-wahl.

• Stia
Da Sandro, Piazza Tannucci, 74
Das wohl exklusivste Restaurant liegt unter den Laubengängen Stias. Gegenüber liegt das Restaurant Filetto, dessen Spezialitäten beweisen, dass Stia ein kulinarischer Schlüssel zum Casentino ist, der Heimat Michelangelos.
Buchempfehlung: Die besten Trattorien der Toskana, Heyne Verlag

MOTORRADFAHREN

Die SS 70 bietet im Gegensatz zu den Waldstraßen eine gut ausgebaute Führung mit herrlich langgezogenen Kurven. Die Zufahrten zum Castel di Romena oder zur Villa Poggio Reale sind nicht befestigt. Die engen Alleen bewältigt man mit vorsichtiger Fahrweise jedoch spielend. Die Hotels und Unterkünfte erreicht man teilweise nur über abenteuerliche Kurvenstrecken.

VERANSTALTUNGEN

• Rufina
Letzte Septemberwoche Donnerstag bis Sonntag Bacco Artigiano, eine Ausstellung und Verkauf von Weinen und Kunstgewerbeartikeln.

SEHENSWÜRDIGKEITEN

• Rufina
Die Villa Poggio Reale aus dem 16. Jh., die Michelangelo entworfen haben soll, beherbergt das Weinmuseum des Chianti Rufina.

• Stia
Castel di Romena an der SS 70.

Consuma

Mythos der Toskana

Das Chianti-Land ist zur Metapher für die Toskana geworden. Die Komponenten Weinberge, Olivenhaine und Pinienwälder, durchsetzt mit Tupfern von Zypressen, eröffnen nach jeder Kurve eine neue Augenweide.

Chianti Classico – Herz der Toskana

Pisten, mal gut, mal weniger gut ausgebaut, winden sich durch diese Vielfalt von Momenten und führen von einem malerischen Ort in den nächsten. Rote Ziegeldächer über der schattigen Dorfstraße sind typisch in dieser Region. Nah sind die beiden Städte Florenz und Siena. Hier zeugen die Schilder am Straßenrand mit dem Gallo nero (schwarzer Hahn), dass man sich im Anbaugebiet des Chianti Classico befindet. Die Merkmale Gallo nero, Putto nero

Sanfte Hügel und toskanische Wärme im Chianti-Gebiet

PROVINZ FLORENZ

39

Diese Straßen versprechen das größte Vergnügen in der romantischen Chianti-Region.

und das Prädikat »Denominazione d´Origine Controllata e Garantita« (D.O.C.G.) bürgen für die Qualität des Chianti Classico. Mitte des 19. Jahrhunderts legte der Barone Bettino Ricasoli seine Formel für den Wein fest. Dabei sah er sowohl die rote Traube Canaiolo als auch die weißen Trauben Trebbiano und Malvasia vor. Das Ergebnis ist bekannt: ein leichter, süffiger Wein, für uns das Synonym des italienischen Traums. Die Begegnung mit dem Chianti heben wir uns allerdings für den Abend auf.

Wir verabschieden uns in Richtung Figline von Vallombrosa aus. Vorbei an abgelegenen Bauernhäusern geht es in engen Kurven hinunter Richtung Figline, über kleine Brücken nach Reggello, einem Ort, der schon am Morgen betriebsam ist. Die Signoras sind bereits unterwegs, um die köstlichen Produkte der Region einzukaufen. Die Landschaft verändert sich bereits hinter Regello, und es wird wärmer. Eine willkommene Abwechslung nach den schattigen Strecken im Casentino. Unter der Autobahn hindurch bis Figline stoßen wir ins Chianti-Land vor, in Richtung Dudda.

IMPRUNETA

Impruneta ist eine Stadt, die im Süden von Florenz liegt. Sie hat kaum mehr als 11.000 Einwohner und unzählige Töpfer- und Keramikwerkstätten. In der Basilika S. Maria dell'Impruneta sind die zwei Ädikula-Tempelchen sehenswert. Im Oktober findet ein Pferdemarkt statt, der unzählige Besucher anlockt.

Romantik im Chianti-Wunderland

In Dudda, einem kleinen Ort, folgen wir dem Wegweiser Richtung Cintoia/Strada.

Nach 11 Kilometern stoßen wir in Strada in Chianti auf die SS 222, die Via Chiantigiana, die wir in Richtung Impruneta weiterfahren. Niemals verlassen uns auf dieser Strecke für länger als einen oder zwei Kilometer die Schilder am Straßenrand, die zur Weinprobe und zum Weinkauf einladen. Die Straße ist gut ausgebaut, und nach den morgendlichen engen Kurven geht es jetzt wieder flott voran, ohne dass es langweilig nur geradeaus ginge.

Am Vormittag verweilen wir in Impruneta, einer Gemeinde, die 13 Kilometer südlich von Florenz liegt. Impruneta hat bekannte Keramik- und Töpferwerkstätten, deren Ziegel auch die Florentiner Domkuppel schmücken. Wer auch andere PS-Stärken liebt, kann hier im Oktober den jährlich stattfindenden Pferdemarkt »Fiera di San Luca« besuchen. Wir fahren einen kurzes Stück zurück zum Ortseingang von Impruneta und folgen dem Schild »Per Ferrone« in Richtung Greve. Dabei verlassen wir kurzfristig für knapp 16 Kilometer die Chiantigiana, was sich sofort in einer gefälligen Kurvenstrecke bis Greve ausdrückt.

Greve – Charmante Stadt im Chianti-Gebiet

In Greve bietet die Enoteca Gallo Nero an der Piazza Santa Croce 200 der besten Lagen und 50 Jahrgänge mit dem Zeichen des schwarzen Hahns an, doch es ist noch zu früh, um sich mit einem Glas Chianti unter toskanischer Sonne zu entspannen. Greve hat sich durch seine günstige Lage an der Kreuzung der Verbindungen von Siena nach Florenz bereits im 15. Jahrhundert zum idealen Handelsplatz entwickelt und ist die Hauptstadt des Chianti-Landes. Die Piazza Matteotti ist umgeben von weitläufigen, asymmetrischen Loggien, an der die Pfarrkirche Santa Croce aus dem 19. Jahrhundert liegt. Doch auch weltliche Genüsse erwarten uns hier: In Greve gönnen wir uns einen Besuch bei einem Metzger, der den Einkauf zum Erlebnis macht: Der CD-Player spielt Arien ab, während die Einheimischen ein Glas Rotwein trinken und den neuesten Klatsch austauschen. Von hier aus fahren wir wieder auf die SS 222 in Richtung Castellina in Chianti weiter.

Unzählige Straßen führen von der Chiantigiana ab, hinauf zu gepflegten mittelalterlichen Chianti-Schlössern, die heute in der Regel Weingüter mit Direktverkauf oder Hotels sind.

Abseits der Chiantigiana führen Alleen hinauf zu Kastellen, in denen sich Restaurants und Hotels eingenistet haben.

Die Zufahrten sind häufig nicht asphaltiert, manchmal auch nur Kieselwege, die man jedoch bei vorsichtiger Fahrweise gemächlich erklimmen kann. Bei so einem Abstecher treffen wir ein nettes Karlsruher Paar, das bereits zwei Wochen unterwegs ist. Ein kurzer Plausch, bei dem wir uns über

In kriegerischen Zeiten boten die Trutzburgen hoch oben einen guten Überblick.

Maschinen, fliegende Seitenkoffer und aufregende Routen austauschen. Natürlich wollen wir die Gelegenheit nicht verpassen, »unsere« SS 70 wärmstens zu empfehlen, und dann trennen sich schon wieder unsere Wege.

Castellina – das Herz der Region

Nach 18 Kilometern erreichen wir unser Ziel: Castellina in Chianti; der Ort liegt auf einem Hügel zwischen Elsa- und Arbia-Tal und ist ein idealer Ausgangspunkt für Touren nach Radda, Poggibonsi und Siena.

Wenn der Chianti Classico das Herz dieser Region ist, dann ist Castellina das Zentrum des Herzens. Ein lieblicher Ort mit anheimelnder und ruhiger Atmosphäre.

Nr.	Straße km	Position	Richtung	Information		
8	SS 222 17,5 km	Greve	Castellina	Castellina in Chianti, gefällige Kurvenstraße, gut ausgebaut; viele Alleenzufahrten führen zu Restaurants; Erlebnismetzger in Greve		SS 222 17,5 km
7	SS 222 16,5 km	Impruneta	Per Ferrone	Schild Per Ferrone, Strecke für Laster gesperrt; nach Greve weiter; Basilika S. Maria dell'Impruneta, Pferdemarkt		SS 222 16,5 km
6	- km	Impruneta	A	Keramik- und Töpferwerkstätten; zurück zum Ortseingang fahren, dann links		- km
5	SS 222 12 km	Strada	Impruneta	gut ausgebaute Straße; Chiantigiana – Straße des Weins »Gallo Nero«-Weingüter		SS 222 12 km
4	- 12 km	Dudda	Impruneta / Greve	rechts abfahren		- 12 km
3	- 7,5 km	Ponterossa	Dudda	Chianti-Gebiet, landschaftlich schön kurvig		- 7,5 km
2	- 1 km	Figline	Firenze	in Ponterossa rechts		- 1 km
1	- 19,5 km	Vallombrosa	Figline	kleine Straße, viele Kehren bei Figline unter der Autobahn durch, dann rechts halten		- 19,5 km

Dieses Roadbook zum Heraustrennen im Anhang

INFORMATION

• **Florenz**
Via Alessandro Manzoni 16
Tel. 05 52 33 20
Fax 05 52 34 62 86

• **Siena**
Via di Città 5
Tel. 05 77 4 22 09
Fax 05 77 28 10 41

UNTERKUNFT

• **Castellina in Chianti**
Tenuta di Ricavo
Loc. Ricavo 4
Tel. 0577 74 02 21
Fax 0577 74 10 14
Email ricavo@ricavo.com
Eine Gruppe kleiner Steinhäuser an einem Hügel, in der Mitte eine kiesbedeckte Piazza, die durch Zypressen und Strauchreihen gekreuzt wird. Viele Zimmer haben Terrassen

ins Tal, und ein neues Schwimmbad macht den Aufenthalt perfekt, kombiniert mit dem erstklassigen Hotel.
Preisklasse 150 bis 250 DM/Doppelzimmer mit Frühstück.

Poggio al Sorbo
Hübsches kleines Gut aus dem 12. Jahrhundert. Agriturismo-Wohnungen. Weinproben für kleine Gruppen.

• **Gaiole in Chianti**
Castello di Tornano
Loc. Lecchi
Tel. 0577 74 60 67, 055 658 09 18 (Buchungen)
Fax 0577 74 60 67
Email: castellotornano@chiantinet.it
Ein typisch toskanischer Verteidigungsturm aus grauem Stein, an dessen Sockel sich ein Bauernhaus anschließt. Jedes der 9 Apartments hat einen Wohnraum, Kochecke und ein oder zwei Schlafzimmer. Die Apartments verfügen über einen eigenen Eingang, Terrasse und einen Gartenbereich für sich. Das Schwimmbad liegt passenderweise an der Stelle des Burggrabens. Am Fuße des Hügels gibt es neben einem Fischteich eine typische Trattoria mit sehr gutem Essen und freundlicher Bedienung. Sie ist auch auf die Selbstversorger vom Castel eingestellt, so gibt es morgens ab 10 Uhr Frühstück. Die Zufahrt ist mit Kieseln bedeckt, sodass man vorsichtig hochfahren

Castello di Tornano

sollte. Die Atmosphäre und die großzügigen Apartments entlohnen diese Anstrengung.

ESSEN & TRINKEN

• Castellina in Chianti
Albergaccio di Castellina
Trattoria/Restaurant, bekannt für seine Weinkarte. Traditionelle toskanische Küche mit moderner Note. Angemessene Preise.

• Siena
La Torre
Eine Trattoria, wie sie im Buche steht, und immer voll. Wer abnehmen will, hat hier nichts verloren. Die Portionen sind großzügig und schmackhaft.

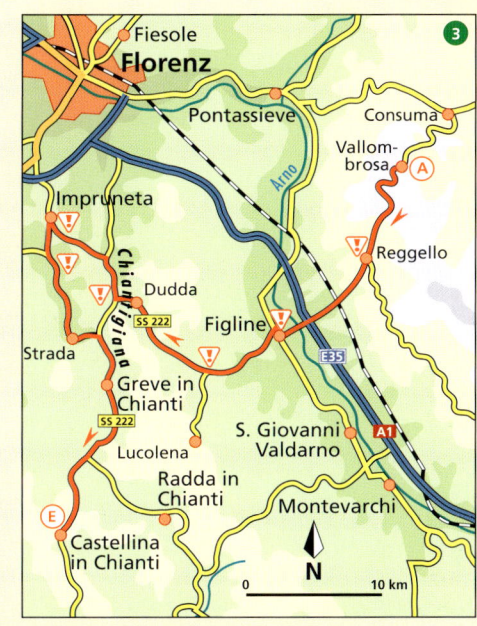

MOTORRADFAHREN

Die Chiantigiana ist herrlich ausgebaut und ermöglicht ein schnelles Vorankommen quer durch eine attraktive Landschaft.

EINKAUFEN

• Greve in Chianti
Antica Macelleria Cecchini
Via XX Luglio 11
Metzgerei mit Erlebnischarakter.

• Siena
Enoteca Italica Permanente
Täglich 15 bis 24.00 Uhr
Die Enoteca befindet sich in der Festung Fortezza Medicea und hat eine riesige Auswahl an italienischen Weinen zum Probieren und Mitnehmen.

Drogheria Manganelli
Via di Città 71
Klassische Dolci und große Weinauswahl.

Wochenmarkt
Mittwoch vormittag Piazza la Lizza

Fahren im verklärten Licht

Auf der Chiantigiana fahren wir in das Gebiet, das alles bietet, was die Verehrer der Toskana erwarten: einsame Bauernhöfe, weite Panoramablicke und abseits der Straße romantische Dörfer.

Nachdem uns der Chianti am Vorabend den Gaumen gekitzelt hat, dürstet es uns erstens nach Wasser und zweitens nach einer guten Mischung aus kleinen Straßen und schnellem Kurvengleiten – und nach einem Ausflug in die mittelalterliche Stadt Siena, die im ewigen Wettstreit mit Florenz liegt. Am Morgen liegt milchiger Dunst über den dunkelgrünen Hügeln und bietet einen schönen Ausblick auf den Tag und auf die klassische Toskanalandschaft hier im Chiantigebiet. Auf der SS 222 düsen wir gen Süden, in Richtung Siena. Knapp 20 Kilometer spulen

Gaumen-schmaus und Kur-venrausch

CHIANTI-GEBIET

Hier schlägt das Herz der Toskana. Zwischen den Städten Siena und Florenz gelegen, ist es mit das schönste Gebiet der Toskana. Die Strecken sind kurvenreich, und die Zypressen setzen vereinzelt Ausrufezeichen in diese atemberaubende Landschaft. Die Straßen führen oft in mittelalterliche Orte, deren dunkle Gassen von der Piazza weg zu atemberaubenden Plätzen führen. Ein Abstecher in unbekannte Gefilde lohnt sich also immer.

wir runter, um dann nach dem steilen Anstieg der Via di Fontebranda und den vielen verwinkelten Gassen auf einen der schönsten Plätze Europas zu treffen: auf die Piazza del Campo, die jedes Jahr die Kulisse für das berühmte Pferderennen – den Palio – bildet. Wir sinken in die Stühle eines Straßencafés und gönnen uns einen Cappuccino. Der Platz wartet mit einer Schau gotischer Architektur auf und liegt genau in der Mitte dreier Stadthügel.

Der Palio – Glanz und Elend

Zweimal im Jahr, am 2. Juli und am 16. August, treten jeweils 10 Contrade in einem Wettritt gegeneinander an. Alles gehört dazu: Bestechung, Behinderung und Absprachen. Was zählt ist der Freudentaumel beim Sieg – und davon trennen alle nur wenig mehr als 100 Sekunden. Jede Contrada, jeder Stadtteil also, unterhält ein eigenes Palio-

Zypressenallee in der Heimat des Chianti Classico

Halt an der Chianti- giana

Museum und eine Kirche, in der die Pferde vor dem Rennen gesegnet werden. Um 17.00 Uhr beginnt das Fest mit einem Umzug, und die Sienesen, die kraft ihrer Geburt zu einer Contrada gehören, hüllen sich in mittelalterliche Kostüme als Bannerträger, Herolde und Musikanten. Die Stadt ist in 17 Contrade aufgeteilt, die heute im Gegensatz zu früher einen sozialen Zusammenhalt sichern, indem sie Feste ausrichten und ihre Seilschaften untereinander pflegen.

Romantik pur

Als die ersten Touristenströme auftauchen, schlagen wir den Weg zurück ins Chiantigebiet ein und nehmen diesmal die Straßen, die nur noch als schmale weiße Linien auf der Landkarte eingetragen sind. Auf der SS 408 geht es in Richtung Castelnuovo; kurz vor San Sano macht die Straße eine dramatische Linksbiegung, und man sieht ein winziges mittelalterliches Dorf oder eher eine kleine Ansammlung von Häuschen mit alten Terrakottadächern vor sich. Die ersten Pinien tauchen auf, und Lavendel und Ginster säumen die Straße. Wir folgen dem engen Kurvengeschlängel bis nach Lecchi, ein nettes Miniaturdörfchen à la Toskana, und weiter nach Gaiole. In Gaiole genießt man mit ungetrübtem Blick die

Kleine Gassen führen durch Miniatur- dörfchen à la Toskana.

Landschaft. Im nahe gelegenen Convent Castello di Spaltenna kann man sehr nobel und gut essen. Dafür ist es uns aber noch zu früh, und wir merken uns das Restaurant für später vor. Unterwegs halten wir im südlich gelegenen Castello di Brolio. Hier residierte der »Vater« des modernen Chianti, Bettino Ricasoli, der auch der erste Premierminister Italiens war, 1809–1890. Auf der SS 429 geht es weiter nach Radda, doch vorher lädt Badia Coltibuono zum Zwischenstopp ein. Eine kleine Straße bringt uns durch den

Wald zur romanischen Abteikirche mit ihrem imposanten Campanile, die im 11. Jahrhundert von Mönchen gegründet wurde. Hier wird eleganter Wein zu ausgezeichnetem Essen in der Fattoria kredenzt.

Die traumhaft schöne Lage des Städtchens Radda in Chianti tut sich auf, nachdem man die reiz-

Fahrkönnen statt Fahrvergnügen – unbefestige Zufahrt zu einem Kastell

volle Schlängelstraße weitergefahren ist. Die Weinberge um Radda liegen fast alle an steilen Abhängen, die Häuser dagegen stehen auf der Anhöhe – ein typisches Bild, das auf eine kriegerische Vergangenheit hinweist, die Radda mit vielen Orten in der Umgebung gemeinsam hat. Radda beeindruckt durch sein mittelalterliches Stadtbild, das wir heute im verklärten Licht bestaunen. Von hier ist es nur ein kurzer Abstecher zum Castello di Volpaia, das durch seine charmante Silhouette auf einem waldreichen Hügel Eindruck schindet.

Nr.	Straße km	Position	Richtung	Information	
6	- 21 km	Radda	Castellina	Albergo Podere Terreno	21 km
5	SS 429 10 km	Gaiole	Radda	Castello di Volpaia landschaftlich sehr schön	SS 429 10 km
4	- 7 km	Lecchi	Gaiole	Restaurant Badia Coltibuono Convent Castello di Brolio	- 7 km
3	- 3 km	San Sano	Llecchi	Hotel Castel Tornano Trattoria Castel Tornano	- 3 km
2	SS 408 19,5 km	Siena	Castelnuovo	bis San Sano teilweise dramatische Kurven	SS 408 19,5 km
1	SS 222 17 km	Castellina	Siena	Chiantigiana, sehr gut ausgebaute Straße, Siena, Piazza del Campo, Palazzo Publico, Mittwoch: Markt auf der Piazza la Lizza	SS 222 17 km

PROVINZ FLORENZ

Dieses Roadbook zum Heraustrennen im Anhang

INFORMATIONEN

Florenz
Via Alessandro Manzoni 16
Tel. 0552 33 20
Fax 0552 34 62 86

Siena
Via di Città 5
Tel. 0577 4 22 09
Fax 0577 28 10 41

 **UNTERKUNFT**

• **Radda in Chianti**
Podere Terreno
Via Terreno 21, Volpaia
Tel. 05 77 73 83 12
Fax 05 77 73 83 12

Dieses ländliche Gasthaus bietet einen Blick auf Weinhänge und Olivenhaine. Köstliche Gerichte im Restaurant, guter Wein und freundlicher Service. Mindestaufenthalt 2 Tage.

• **Lecchi in Chianti**
San Sano
Loc. San Sano
Tel. 0577 74 61 30
Fax 05 77 74 61 56
Ein alter Turm bildet den Kern des hübschen Hotels, das in San Sano liegt. Die Räume sind im typischen toskanischen Stil eingerichtet. Schwimmbad und Garten sind vorhanden.

• **Mercatale**
Azienda Agricola La Salvadonica
Hinter Mercatale, Via Grevignana 82
Tel. 05 58 21 80 39
Fax 05 58 21 80 43
Idyllische Bauernhäuser, mit Schwimmbad.

Trattoria di Tornano:
In der Nähe eines
Fischteichs wird hier
gute toskanische
Küche geboten.

• Greve in Chianti
Giovanni da Verazzano
Piazza Matteotti 28
Tel. 055 85 31 89
Fax 055 85 36 48
Liegt zentral an der Piazza.

 **ESSEN &
TRINKEN**

Tipp
Die Broschüre »Chianti News« informiert in drei Sprachen, u.a. in Deutsch, über Veranstaltungen, Vinotecas, Restaurants und Einkaufsmöglichkeiten.

 **MOTORRAD-
FAHREN**

Kleine Straßen winden sich wie Schlangen durch sanfte Hügelketten und wechseln sich mit der schnellen SS 222 ab. Die Zufahrt zum Castel di Tornano ist eher ein Feldweg, der sich nach oben windet. Hier ist Vorsicht geboten!

 **VERANSTALTUNGEN**

• Siena
Palio
Zweimal jährlich, am 2. Juli und 16. August, findet das Pferderennen statt.

Toskana im charmanten Landschafts-kleid

Die Perle der Toskana

Auf der Strada dei Castelli geht es beschwingt durch wärmere Gefilde nach Arezzo und Montepulciano und zur Idealstadt Pienza. Es erwarten uns harmonische Kurven, in denen wir durch einen friedlichen Landstrich ziehen.

Strada dei Castelli

Am Morgen verabschieden uns herrliche Naturfarben und ein letzter Blick auf das Chiantigebiet. Wir fahren auf der SS 484, der Strada dei Castelli, nach Castelnuovo Berardenga, ein Ort, der noch zur Gemarkung des Weinanbaugebietes des Chianti Classico gehört. Nomen ist omen, auch bei Straßen, denn die Strada dei Castelli wird von stattlichen Kastellen flankiert, in die sich heute Restaurants und Hotels eingenistet haben.

Der offene, manchmal wild anmutende und dann wieder friedliche Landstrich verändert sich langsam,

Chiana-Ebene – ein Blick von Montepulcianos Zufahrtsbrücke auf die umliegenden Weingüter

PROVINZ SIENA

Die SS 484 verspricht Fahrspaß und aufregendes Kurvenfeeling.

die Ausstrahlung wird wärmer, und Olivenbäume beginnen das Bild zu bestimmen.

Nach 24 km fahren wir auf die SS 73 in Richtung Arezzo und dann weiter nach Monte San Savino. Ein Kurvenparadies ist die SS 73, harmonisch geschwungene Straßen geben einem das Gefühl, wie ein Skifahrer gleichmäßig zu wedeln. Bei Monte San Savino verstärken sich die Olivenhaine, und die Straße wird plötzlich zur welligen Hügelroute. Nur 18 km weiter auf der SS 73 liegt die ehemals wichtige Etruskerstadt Arezzo. Sie ist Geburtsort von illustren Persönlichkeiten wie Francesco Petrarca, Pietro Aretino oder des großzügigen Etruskers Maecenas, an den heute noch der Begriff Mäzen erinnert. Arezzo ist wegen des Freskenzyklus von Piero della Francesca berühmt, der sich in der gotischen Kirche S. Francesco befindet. Der mittelalterlichen Blütezeit der Stadt wird alljährlich mit dem historischen Ritterstechen auf der Piazza Grande gehuldigt.

Die Perle der Toskana

Vorbei an lichten Pinienwäldern steuern wir das mittelalterliche Städtchen Lucignano an, das uns mit seinem Liebreiz in die engen Gassen lockt. In den gepflasterten Gässchen haben wir fast das Gefühl, Eindringlinge zu sein, da hier typisch italienische Atmosphäre herrscht: Die Älteren sitzen draußen vor ihrer Haustür, beobachten das Kommen und Gehen und klatschen über die jüngsten Ereignisse. Die nächsten Städte Sinalunga und Torrita sind ebenfalls von mittelalterlichem Charme. Die Straße wird jetzt leider weniger aufregend, dafür geht es wieder schneller voran. Der Rausch der Geschwindigkeit geht einher mit dem Rausch der lieblichen Landschaft auf beiden Seiten der Straße, und wir sehen bereits die majestätische Silhouette von Montepulciano, die sich über der Chiana-Ebene erhebt. Montepulciano ist auf einer Höhe von knapp 600 Metern eine der wichtigsten Weinstädte in der südlichen Toskana. Renaissancebauten prägen die Stadt, und das heitere Bild der Landschaft drum herum macht Montepulciano zu einer Perle der Toskana.

Die Altstadt mit ihren vielen schmalen Gassen lädt zum Bummeln ein. Hier warten herrliche Paläste und ein großartiger Wein auf Besucher. Überall findet sich die magische Formel »Degustazione libera« (kostenloser Probeausschank). Ein Grund mehr, sich ein Hotel oder Albergo zu suchen,

Lucignano ist ein mittelalterliches Städtchen mit engen und verwinkelten Gassen.

MONTEPULCIANO

Montepulciano ist eine Stadt mit knapp 15.000 Einwohnern und liegt in einem der bekanntesten Weinanbaugebiete der südöstlichen Toskana. Das Stadtbild ist geprägt von Renaissancebauten. An der Piazza Grande liegt der Dom (1592–1630); weitere Kirchen sind S. Agnese und S. Agostino. Unterhalb der Stadt liegt einer der wichtigsten Renaissancebauten, die sehenswerte Kirche S. Biagio, 1518 bis 1529 von Antonio Sangallo erbaut.

Der Schilderwald zeigt die vielfältigen Möglichkeiten, die Montepulciano als Ausgangspunkt bietet.

den Staub abzuwaschen und dann in mittelalterlicher Atmosphäre den Vino Nobile di Montepulciano zu kosten. Weinfreunde zieht es unweigerlich hierher; sie können z.B. in der Enoteca in der Via di Voltaia nel Corso 82 oder im Palazzo Contucci auf der Piazza Grande Wein einkaufen. Nicht zu vergessen die vielzähligen Weingüter rund um Montepulciano. Die Stadt wurde bereits 715 als Castrum Politianum das erste Mal urkundlich erwähnt. Aus diesem

Grund nennen sich die Einwohner auch heute noch Polizianer. 1232 zerstörten die Sienesen den Ort völlig. Dieser Zerstörung ging ein langer Machtkampf zwischen Siena, Florenz und Arezzo um Montepulciano voraus. Die Gebäude, die man heute ehrfurchtsvoll betrachtet, stammen aus der Zeit des Neuaufbaus ab dem 16. Jahrhundert Damit zählt Montepulciano zu den am besten erhaltenen Renaissancestädten der Toskana und ist dank des Weines auch ein florierendes Zentrum der Landwirtschaft.

Dolce Vita am Lago Trasimeno

Verläßt man Montepulciano nördlich auf der SS 454, gelangt man auf dem Weg nach Castiglione zum Lago Trasimeno, dem größten See Mittelitaliens, der bereits zu Umbrien gehört. Eine Erfrischung und Abkühlung bietet er auf alle Fälle. Vorbei an ursprünglichen Dörfern wie Nottola und Aquaviva bis Castiglione, trennen uns nur 27 km vom heiß ersehnten Bad. Der See ist sehr flach, an der tiefsten Stelle misst er nur sechs Meter. Eine Pinienallee führt von Castiglione direkt ans glitzernde Wasser. Hohe Bäume bieten kühlen Schatten – und doch keinen Schutz gegen die Mücken, die sich am Lago Trasimeno ebenfalls wohlfühlen. Also Insektenschutzmittel nicht vergessen oder aber eine schlagkräftige Ökowaffe, z.B. eine zusammengerollte Zeitung, mitnehmen. Wir tauchen anschließend nicht in die etwas rauere umbrische Landschaft ein, sondern kehren auf der SS 454 in die etruskische Vergangenheit nach Montepulciano zurück.

Nr.	Straße km	Position	Richtung	Information	
7	SS 454 27 km	Monte-pulciano	Lago Trasimeno [A]	Badestrand	SS 454 27 km
6	SS 326 17 km	Torrita	Monte-pulciano	in Torrita links	SS 326 17 km
5	- 6,5 km	Lucignano	Sinalunga	bis Torrita	- 6 km
4	SS 73 5,5 km	Monte San Savino	Lucignano	kleines Städtchen mit Flair	SS 73 5,5 km
3	SS 73 18 km	Monte San Savino	Arezzo [A]	Etruskerstadt mit Charme, Freskenzyklus, historisches Ritterschloss	SS 73 18 km
2	SS 73 24 km	Castel-nuovo	Arezzo	bis Monte San Savino, herrliche Kurven-strecke, Hügelroute	SS 73 24 km
1	SS 484 24 km	Castellina	Castel-nuovo	Strada di Castelli, Grenze des Weinbaugebietes Chianti classico, abseits gelegene Kastelle	SS 484 24 km

PROVINZ SIENA

Dieses Roadbook zum Heraustrennen im Anhang

 **INFORMATION**

• **Montepulciano**
Via di Gracciano nel Corso
Tel. 05 78 75 73 41

 **UNTERKUNFT**

• **Arezzo**
Castello di Gargonza
Gargonza, Monte San Savino
Tel. 05 75 84 70 21
Fax 05 75 84 70 54
Eine Allee führt an den Burgmauern vorbei den Hügel hinauf. Von den Türmen der Burg konnte man in kriegerischen Zeiten im Val di Chiana die Feinde hoffentlich rechtzeitig erspähen. Doppelbettzimmer und Apartments mit 1 bis 4 Schlafzimmern stehen zur Verfügung. Am Fuß des Hügels liegt das Restaurant Torre di Gargonza. Ein Schwimmbad sorgt für willkommene Erfrischung.

Albergo Castelletto di Montebenichi
Loc. Montebenichi, Bucine
Tel. 05 59 91 01 10
Fax 05 59 91 01 13
Luxus ab 350 DM: Zauberhaftes und elegantes Schlösschen mit hohem Wohlfühlfaktor, von November bis März geschlossen.

• **Chianciano Therme**
Hotel Michelangelo
Via le Piane 146
Tel. 05 78 64 004
Fax 05 78 60 480
Hotel mit Thermalschwimmbad und nettem Park, Kureinrichtungen sind ebenfalls gegeben.

*SS 73 –
ein Kurven-
paradies
für Biker*

ESSEN & TRINKEN

• Montepulciano
Ristorante La Grotta
San Biagio
Täglich außer Mittwoch geöffnet.
Gegenüber der prachtvollen Wallfahrtskirche
San Biagio gelegen. Unter mächtigen Kiefern
bieten Speise- und Weinkarte alles, was des
Feinschmeckers Herz begehrt.

Il Cantuccio
Via delle Cantine 2
Fleischspezialitäten vom Grill.

MOTORRADFAHREN

Die SS 73 ist ein Kurvenparadies, auf der
man schwungvoll durch die Chiana-Ebene
rauscht. Die mittelalterlichen Städte in der
Ebene haben im Stadtkern sehr enge Gassen,
zum Teil mit steilen Abzweigungen.

SEHENS-WÜRDIGKEITEN

• Chianciano Therme
Die Thermenstadt liegt südlich von Siena und
ist der größte Kurort der südlichen Toskana.
Die Quellen sind besonders für Rheuma-
kranke geeignet.
Auskunft: APT Via Sabatini 7
Tel. 057 86 35 36
Fax 057 86 46 23

• Montepulciano
Giardino Poggifanti
Der Garten liegt gegenüber der Chiesa di
Sant´Agnese. Vom Garten aus bietet sich eine
spektakuläre Sicht in Richtung Südosten und
auf den Lago Trasimeno.

PROVINZ SIENA

61

Pittoreske Land- schaften

Spektakuläre Aussichten erwarten uns auf den Weg zu den mittelalterlichen Städten Sovana und Pitigliano und nach einer kurvigen Panoramastraße auf dem dicht bewaldeten Monte Amiata.

Etruskische Landschaft

Wir steigen mit der Maschine nicht nur in die Kurven, sondern auch in die etruskische Landschaft ein. Ein letzter Blick zurück nach Montepulciano: Die Stadt, die sich steil hinauf an die Hügel schmiegt, beherrscht von dieser kühlen Höhe aus die Landschaft.

Wir sInd auf dem Weg nach Pienza auf der SS 146. Jetzt ist es vorbei mit der etwas öden Strecke, denn wogende Hügel, kleine Anbauflächen von Gemüse und hier und da Weideland für Schafe mischen die Farbpalette neu. Während sich das Grau der Straße aus verschiedenen

Mächtig und unnahbar präsentiert sich Pitigliano auf seinem Tuffstein-felsen.

Die SS 146 schlängelt sich an sanften Hügeln zum Monte Amiata hin.

Blickwinkeln, je nachdem ob wir uns links oder rechts in die Kurven fallen lassen, nur wenig verändert, drängen sich neue Farbtupfer ins Landschaftsbild.

Pienza liegt vor uns, eine kleine Stadt, die auf einem erloschenen Vulkan scheinbar über der Chiana-Ebene schwebt. Die schmucke Stadt hat ihre Prachtbauten Papst Pius (1405–1464) zu verdanken, der seinen Heimatort mit einheitlichen Häusern im Stil der Frührenaissance herausputzte. Gedankt hat es die Stadt u.a. damit, dass sie die Piazza Pio II. nach ihm benannte. Sein Ziel, Pienza zu einer Idealstadt zu gestalten, konnte Pius II. freilich nicht verwirklichen. Wenn aber der Blick über die sanft gewellte Hügellandschaft schweift, dann bekommen wir eine Ahnung von seinem Traum.

Flirrende Hitze – bewaldeter Monte Amiata

Wir folgen der Straße, die in ihrer Führung wohl die Linien der umliegenden Hügellandschaft wiedergeben mag, so schwungvoll führt sie uns weiter nach San Quirico d'Orcia, einem zauberhaften Kleinod in der ländlichen Toskana. Auf

PIENZA – DIE IDEALSTADT

Hätte der Hügel, auf dem Pienza liegt, nicht der Familie Piccolomini gehört, deren Sohn am 14. August 1458 zum Papst gewählt wurde, wäre Pienza vielleicht das belanglose Dorf Corsignano geblieben. Papst Pius II. beschloss aber, eine Stadt um seine Residenz zu bauen, und beauftragte den Baumeister Bernado Rossellino, in Corsignano einen Papstpalast, eine Kathedrale und andere Bauten für kirchliche Würdenträger zu errichten. Es wurden mehr als 30 Gebäude, die mit Hilfe der Kirchenkasse entstanden. Damit erwuchs aus dem unbedeutenden Corsignano Pienza, die Stadt des Papstes Pius.

409 m Höhe liegt die Stadt über den Tälern d'Orcia und dell'Asso. In früheren Zeiten war sie Verkehrsknotenpunkt für die nordeuropäischen Pilger, die auf dem Weg nach Rom waren. Heute jedoch verirren sich nur wenige Touristen nach San Quirico d'Orcia mit ihrer Hauptattraktion, der Collegiata. Die romanische Kirche bietet außen wundervollen Skulpturenschmuck an Portalen und Fenstern und innen ein Chorgestühl mit eindrucksvollen Einlegearbeiten, das ursprünglich für den Sieneser Dom gedacht war.

Nicht weit vom Ort entfernt liegt südöstlich der malerische Thermalbadeort Bagno Vignoni. Dort badete bereits Lorenzo de' Medici im Heilwasserbad. Das 52 Grad heiße Wasser kann uns jedoch nicht anlocken: Es ist 34 Grad heiß, die Sonne steht jetzt am höchsten Punkt und wir suchen nach einem Schattenplatz, um genauso wie die Einheimischen auf Abkühlung zu warten. Nach einer kurzen Runde im kleinen Stadtkern geht es deshalb weiter zum Monte Amiata auf der S 2 in Richtung Rom. In Seggiano halten wir an der Piazza, deren Schatten spendende Bäume uns anlocken. Gegenüber findet auch die Maschine einen Platz in einem schattigen Streifen. Wir genießen einen Imbiss und warten darauf, dass die Sonne langsam dem Horizont entgegen sinkt. Doch der Monte Amiata, der mit 1.738 m Höhe in der Ebene aufragt, lässt uns wieder aufsteigen. Sein runder, dicht bewaldeter Gipfel erhebt sich verheißungsvoll in der ansonsten hügeligen Landschaft. Nach Castel del Piano fahren wir dem Monte Amiata entgegen, eine kurvige Panoramastraße durch Eichen- und Buchenwälder erlaubt uns am Ende einen fast schon herrschaftlichen Blick über die unter uns liegende Toskana. Wie Castel del Piano hat sich Abbadia San Salvatore zu einem Ort für Sommerfrischler und Wintersportler entwickelt und beherbergt daneben die alte Abtei der Zisterzienser, die mit ihrer romanischen Baukunst die Touristen anlockt.

San Quirico war früher Verkehrsknotenpunkt für Pilger – heute Ort der Stille.

Wein und Entspannung am Monte Amiata

Es ist mehr als 400.000 Jahre her, dass der Monte Amiata erlosch. Er ist das Wahrzeichen der südöstlichen Toskana und steht an der Grenze der Provinzen Siena und Grosseto. In seinen Wäldern tummeln sich Rotwild und Wildschweine, und es wachsen Pilze wie Maronen oder der Porcino. Für Ausflüge zur Weinstadt Montepulciano (Vino Nobile di Montepulciano!) ist er ebenso als Ausgangspunkt geeignet wie für Ausflüge nach Montalcino, des berühmten Brunello wegen. Wer aber die Thermalbäder und Mineralquellen sucht, hat hier ebenfalls einen idealen Standort, um vielleicht einen gesundheitsbewussten Tag zu verbringen.

Sovana – Schmuckstück aus Zuckerwatte

Monte Amiata ist Anziehungspunkt für Sommerfrischler und Wintersportler.

Wir fahren auf der SS 323 an Santa Fiora vorbei und biegen bei Case Santarello nach Sovana ab, eine Stadt, die durch breite Gräben geschützt in der Tuffebene liegt. Bereits einige Kilometer vorher kündigt die Straße mit efeuberankten Steinmauern am Straßenrand etwas ganz Besonderes an. Fast hätten wir den Ort verpasst, denn die Einfahrt nach Sovana wirkt eher wie eine Auffahrt zu einer herrschaftlichen Villa, die sich aber hinter der ersten Straßenbiegung zur Piazza des Ortes verbreitert. Umgeben ist sie von einstöckigen Häusern und überdimensionalen Kirchen. Es ist, als ob ein Zuckerbäcker Sovana erschaffen hätte, so lieblich und verwunschen wirkt das Städtchen, in dem ein besonderes Flair herrscht.

Auf der Weiterfahrt kündigt sich bereits Pitigliano an, und wir fragen uns, ob Pitigliano das Einmalige von Sovana wohl noch übertrumpfen kann. Die Stadt thront hoch oben auf einem 313 m hohen Tuffsteinfels und gehört wegen ihrer spektakulären Lage und we-

Zufahrt nach Sovana: Dahinter verbirgt sich die märchenhafte Stadt.

gen eines Aquädukts zu den Schmuckstücken der Toskana. Die Zufahrtsstraße nach Pitigliano ist fast abenteuerlich, windet sie sich doch in Spitzkehren hoch ins Zentrum. Hier herrscht im Juni bereits Trubel, und teilweise geht es auch nur mit Stop-and-Go weiter. Die Lage bot den Einwohnern schon immer einen guten Ausblick über das Land und war so ideal, dass man auf eine Stadtmauer verzichtete. Wir verlassen die Stadt auf der SS 74 und fahren weiter bis nach Manciano, eine weitere mittelalterliche Stadt und Ausgangspunkt unserer Tour zum Monte Argentario und nach Grosseto.

Nr.	Straße km	Position	Richtung	Information	
11	SS 74 20 km	Pitigliano	Orbetello	Manciano; Albergho Il Miravalle	SS 74 20 km
10	- 7 km	Sovana	Pitigliano	Tuffsteingebirge; steile Zufahrt; viele Touristen	- 7 km
9	SS 323 20 km	Santa Fiora	Sempro-niano	links nach Sovana schön ausgebaute Strecke; Kurven vor Sovana; Steinmauern; Zufahrt rechts nach Sovana	SS 323 20 km
8	SS 323 15,5 km	Castel del Piano	Santa Fiora	bis Semproniano	SS 323 15,5 km
7	- 16,5 km	Abstecher	Aqua-pendente	Abbadia San Salvatore	- 16,5 km
6	- 1 km	Castel del Piano	Aqua-pendente	links zum Monte Amiata; kurvenreiche Panoramastraße	- 1 km
5	SS 323 7,5 km	Seggiano	Castel del Piano	Waldstraße zum Monte Amiata; 2. Kreuzung links	SS 323 7,5 km
4	SS 323 20 km	Bagno Vignoni	Rom	bis Seggiano	SS 323 20 km
3	SS 2 7 km	San Quirico	Rom	bis Bagno Vignoni, dann auf die SS 323	SS 2 7 km
2	SS 146 9 km	Pienza	San Quirico	links auf SS 2; Collegiata, Therme Bagno Vignoni	SS 146 9 km
1	SS 146 12 km	Monte-pulciano	Pienza	Die Idealstadt v. Pius II.; schöne Kurvenstraße	SS 146 12 km

Dieses Roadbook zum Heraustrennen im Anhang

SÜDLICHE TOSKANA

 **INFORMATION**

• **Pienza**
Piazza Pio II.
Tel. 05 78 74 85 02

 **UNTERKUNFT**

• **Sovana**
Taverna Etruska
Piazza Pretorio
Tel. 05 64 61 61 83
Fax 05 64 61 43 29
Acht einfache Zimmer in herrlicher Lage,
direkt an der Piazza. Mit Restaurant.

• **Pienza**
La Saracina
SS 146, nordöstlich von Pienza
Tel. 05 78 74 80 22
Restauriertes Gut mit Swimmingpool in herr-
licher Lage.

• **San Quirico**
Castello di Ripa d'Orcia
Ripa d'Orcia
Tel. 05 77 89 73 76
Die Burg liegt an einer Schlucht hinter Bagno
Vignoni. Rustikale Zimmer und Apartments
und ein vorzügliches Restaurant.

• **Manciano**
Albergo Il Miravalle
Via A. Gramsci 42
Tel. 05 64 62 02 45
Einfaches und günstiges Hotel. Die Zimmer
haben Dusche, WC und Fernseher. Teilweise
mit Terrasse. Die Trattoria bietet ländliche
Küche zum vernünftigen Preis.

 **ESSEN &
TRINKEN**

• **Pienza**
Il Prato
Viale S. Caterina
Trattoria mit hausgemachten Pasta- und Wild-
schweingerichten.

MOTORRAD-FAHREN

Die Straßen sind etwas enger als die gut ausgebaute SS 73, doch sie sind zum größten Teil mit gutem Belag ausgestattet. Am Monte Amiata wird es steiler, und Kehren wechseln sich temporeich ab.

VERAN-STALTUNGEN

• San Quirico
Festa del Barbarossa: am dritten Sonntag im Juni

Festtag mit Markt und Prozession: 1. Sonntag im September.

SEHENS-WÜRDIG-KEITEN

• Bagno Vignoni
Thermen

Taverna Etruska

Land
der Cowboys

Gut ausgebaute Straßen, die uns zu den Tummelplätzen der Schickeria auf der Halbinsel Monte Argentario führen, wechseln sich ab mit kurvenreichen Panoramastrecken durch die unversehrte Küstenlandschaft der Maremma.

Monte Argentario – der Silberberg

Die gut ausgeführte Straße in Richtung Küste wird von Sonnenblumenfeldern gesäumt. Nach den dramatischen Kurven am Monte Amiata können wir endlich wieder schnell fahren und spüren lustvoll den Fahrtwind in der Nase, in der uns gleichermaßen das mediterrane Ambiente kitzelt, als wir von Albinia zum Monte Argentario, dem »Silberberg«, fahren. Die Insel, die nicht wirklich eine ist, da sie durch drei Landzungen mit dem Festland verbunden ist, bietet traumhafte Aussichten aufs Meer, wenn man die

Weite Ebenen bilden einen reizvollen Kontrast zu den Hügeln der Maremma.

MITTELMEERKÜSTE

71

Porto Santo Stefano ist Tummelplatz für Yachten reicher Römer.

teils kurvige und schmale Panoramastraße um den Promontorio dell´Argentario fährt.

Die höchste Erhebung des Monte Argentario mit seiner gezackten Küste ist der Telegrafo in 635 m Höhe. Die Überbleibsel spanischer Festungen zeugen davon, daß die Insel von 1555 bis 1808 zum spanischen Stato di Presidi gehörte. Trotz dieser Historie lieben es die Römer, hier ihre Freizeit zu verbringen und sich vom turbulenten Stadtleben zu erholen. Einige legen mit ihren Yachten im mondänen Hafen von Santo Stefano an, früher Fischerdorf, heute der Tummelplatz des Jet Set. Porto Santo Stefano krönt neben Porto Ercole den Silberberg. Der Fischerort Santo Stefano wurde im 17. Jahrhundert von ligurischen und süditalienischen Einwanderern gegründet und ist wegen seiner Fährverbindung nach Giglio und wegen seiner Fischereiflotte bedeutend.

Die hohen bunten Häuser, die sich längs an die Hänge der Hafenbucht schmiegen, machen den Liebreiz des Ortes perfekt. Von Porto Santo Stefano aus erreicht man in einer knappen Bootsstunde die Insel Giglio, ein zauberhafter Granitfelsen, der steil aus dem Meer herausragt. Die Lagune selbst ist verschmutzt und zum Baden nicht geeignet, doch an anderen Stellen der »Insel« ist die Wasserqualität gut. Eine abenteuerliche Panoramastraße entlang der aufregenden Küste verbindet Porto Santo Stefano mit dem malerischen Städtchen Porto Ercole. Hier hinauf im Kurvengeschlängel erhaschen wir einen Traumblick auf die Inseln des toskanischen Archipels.

Wir überqueren das Meer in Richtung Orbetello, das der Lagune ihren Namen gegeben hat.

Die Stadt wurde bereits im 8. Jahrhundert v. Chr. von Etruskern besiedelt und zählt heute 15.000 Einwohner. Aus der spanischen Zeit stammen die Verteidigungsanlagen und die Festung Guzman, in der ein archäologisches Museum besichtigt werden kann.

Von hier aus fahren wir auf der SS 1 in Richtung Grosseto und biegen kurz nach der Stazione di Alberese auf die Straße ein, die uns in die Maremma führt.

Maremma – Land der toskanischen Cowboys

Maremma, der Name kommt von »marittima« – am Meer –, war bis ins 19. Jahrhundert ein ungesundes und deshalb entvölkertes Fleckchen Erde. Das Land war schwer zu zähmen,

Die »butteri« und ihre Rinderherden prägen das Bild der Maremma wie auch die vielen Pferdegestüte.

weil aus ihm die Malaria kroch und bis ins 19. Jahrhundert die Lebenserwartung nicht über 20 Jahre steigen ließ. Erst die Trockenlegung der Sümpfe ermöglichte es den »butteri«, den Cowboys, mit ihren Rinderherden zurückzukehren. Heute liefern die fruchtbaren Ebenen der Maremma Gerste, Mais, Wein und Obst. Die bekannten Rinder der Maremma liefern Steaks, die in ihrer Qualität den argentinischen in nichts nachstehen.

Wir fahren auf einer schmalen Straße durch eine Gegend mit faszinierendem Kontrastprogramm von weiten Ebenen, Sandstrand und Pinienwäldern. Die Luft ist würziger und das Licht hat einen Schimmer von Gold. Dazwischen liegen die saftigen Weiden der Maremma-Rinder, die seitlich der Zufahrtsstraße zum Parco Naturale della Maremma gelangweilt die Busladungen von Menschen betrachten, die diese einzigartige Flora und Fauna besichtigen wollen. Die Tickets müssen zuvor im Besucherzentrum, dem Consorzio del Parco Naturale, oder in einer der Bars in Alberese gelöst werden, denn das Naturparadies darf nur mit Bussen befahren werden und auch Wandern ist dort nur mit Führung erlaubt. Das erfahren wir allerdings erst, nachdem wir die piniengesäumte Zufahrtsstraße zum Nationalpark bis zur Schranke gefahren sind. Da wir nicht mit dem Bus fahren wollen, zum einen weil es heiß ist und wir Motorradjacke und -stiefel tragen, zum anderen weil wir die Maschine nicht unbeaufsichtigt stehen lassen wollen, fahren wir über die Alleenstraße zurück in Richtung Grosseto.

SIEBEN INSELN VOR DER KÜSTE: DER TOSKANISCHE ARCHIPEL

Elba, Gorgona, Capraia, Pianosa, Giglio, Giannutri und Montecristo. Letztere erreichte durch den Roman »Der Graf von Montecristo« von Alexandre Dumas Berühmtheit und erstere, weil Napoleon dort im Exil lebte. Montecristo ist ein unbewohntes Naturschutzgebiet und darf nur mit Sondergenehmigung angelaufen werden. Das gilt auch für Pianosa und Gorgona, allerdings aus Gründen der Sicherheit, dort sind nämlich Strafkolonien angesiedelt. Aus Monte Argentario, der achten Insel, hatten bereits die Römer durch Dämme zum Festland eine Halbinsel gemacht.

Pferdege-stüte säumen die Straßen der Maremma.

Grosseto – Zentrum der Maremma

Auf der Rückfahrt nach Grosseto überqueren wir den Ombrone, den größten Fluss in der Südtoskana, der südlich an Grosseto vorbeifließt, bevor er ins Meer mündet.

Grosseto liegt inmitten der Maremma-Ebene und wird von einem Befestigungsring geschützt, der im 16. Jahrhundert von den Medici-Herzögen errichtet wurde. Die Wälle der Stadtmauer sind erhalten und laden zum Spazierengehen ein.

An der Piazza, die wie in den meisten Städten Italiens das Zentrum ist, kann man den Palazzo della Provincia und den Dom besichtigen.

Das moderne Stadtbild vermittelt ein gesundes Maß an Selbstbewusstsein, und dabei hat der Ort doch auch einen gewissen Charme.

Nr.	Straße km	Position	Richtung	Information	
10	10 km	Spergolia	Grosseto	entweder auf die SS 1 oder geradeaus auf der Landstraße Richtung Grosseto bleiben	10 km
9	14 km	Marina di Albarese	Grosseto	bis Spergolia	14 km
8	14 km	Stazione di Albarese	Maremma	kleine Straße mit viel Esprit; reizvolle Landschaft; Naturpark Maremma, nur Busführungen erlaubt, Tickets in Marina di Albarese	14 km
7	SS 1 18 km	Orbetello	Grosseto	abfahren zum Nationalpark; Tankstelle Stazione di Albarese	SS 1 18 km
6	SS 440 7,5 km	Orbetello	Grosseto	auf der Schnellstraße SS 1	SS 110 7,5 km
5	5 km	Porto Ercole	Telegrafo	höchste Erhebung; kurvenreich, fantastischer Ausblick	5 km
4	8 km	Porto Ercole	Orbetello	zweiter Damm überm Meer	8 km
3	22 km	Porto Santo Stefano	Porto Ercole	Panoramastraße an der Küste entlang	22 km
2	12,5 km	Albinia	Porto Santo Stefano	Zufahrtsstraße übers Meer; viele Campingplätze; Hafen in Porto Santo Stefano; viele Touristen; Fähre zur Insel Giglio	12,5 km
1	SS 74 32 km	Manciano	Orbetello	auf der SS 74 bleiben bis Albinia; gut ausgebaute Straße; landschaftlich schön	SS 74 32 km

Dieses Roadbook zum Heraustrennen im Anhang

MITTELMEERKÜSTE

INFORMATION

• **Grosseto**
Via Monterosa 206
Tel. 05 64 45 45 10
Fax 05 64 45 46 06

 UNTERKUNFT

• **Talamone**
Hotel Capo Dúomo
Via Cala di Forno 7
Tel. 05 64 88 70 77
Fax 05 64 72 98

• **Grosseto**
Leon d'Oro
Via S. Martino 46
Tel. 05 64 22 12 8
Fax 05 64 22 57 8
Schlichtes und ordentliches Hotel in der Nähe des Doms.

Locanda di Ansedonia
Via Aurelia Sud
Orbetello Scala
Tel. 0564 88 13 17
Fax 0564 88 17 27
Ein netter Gasthof, der aber leider an der Verbindungsstraße Rom–Grosseto liegt. Aber es gibt auch Zimmer mit Garten.

• **Castiglione della Pescaia**
Unter den vielen Campingplätzen an der Maremmaküste ein besonders empfehlenswerter.
Maremma Sans Souci
Casa Mora
Tel. 05 64 93 37 65
Fax 05 64 93 57 59

 ESSEN & TRINKEN

• **Talamone**
La Buca
Porta Garibaldi
Ein stets belebtes Lokal, das schwer zu finden ist. Die steile Treppe der Porta Garibaldi endet hier.

 MOTORRADFAHREN

Die Straße zur Küste schnurrt durch die mediterrane Landschaft. Auf der Halbinsel ist gerade am Wochenende mit viel Ausflugsverkehr zu rechnen. Auf dem Weg zum Telegrafo teilt man sich die Strecke mit Radrennfahrern und einer Vielzahl von Ausflüglern. Beim Überholen sollte man deshalb die nächste Kehre bereits im Visier haben. Die kleine Straße zum Parco Naturale della Maremma ist zwar schmal, aber trotzdem gut ausgebaut.

 **SEHENS-WÜRDIGKEITEN**

• **Capalbio**
Giardino dei Tarocchi
Tarot-Skulpturenplatz der Künstlerin Niki de Saint-Phalle.
Geöffnet im Sommer Mo bis Sa 14.30 bis 19.30 Uhr

• **Parco Naturale della Maremma**
Besucherzentrum in Albarese.
Tel. 05 64 40 70 98

VERANSTALTUNGEN

• **Grosseto**
Donnerstag Vormittag Wochenmarkt auf der Piazza del Mercato.

Grosseto

Marina di
Grosseto

Ombrone

0   10 km

N

Triana

Scansano

Saturnia

Marina di
Alberese

*Parco Naturale
della Maremma*

Magliano
di Toscana

Albegna

Manciano

A

Fonte-
blanda

Talamone

E80

SS 1

Albinia

SS 74

Costa

M. Bellino
516 m

Capalbio

Porto
S. Stefano

M. Argentario
▲
635 m

Orbetello

d'Argento

Porto Ercole

*Zufahrtsstraße
zum Parco
Naturale della
Maremma*

MITTELMEERKÜSTE

Kurven-
rausch
im Mersetal

Von Grosseto geht es über die Via Aurelia in eine Landschaft voller pittoresker Städte, die umgeben sind von Olivenhainen. Auf kurvigen Straßen besichtigen wir kleine verzauberte Orte, die von einer großen Vergangenheit berichten.

Via Aurelia

Als wir in Grosseto starten, beschließen wir auf der alten »Aurelia« zu fahren, statt die gut ausgebaute Schnellstraße in Richtung Norden zu nehmen. Die Via Aurelia verläuft neben dieser, ist aber durch einen beschwingten Kurvenverlauf attraktiver für uns als die parallele neuere Straße. Sie ist etwas »langsamer« und gibt uns damit die Gelegenheit, uns auf die Hügellandschaft, die vor uns liegt, zu konzentrieren. Unterwegs verändert sich das gewohnte Bild von den alles beherrschenden

Rocca-strada

GROSSETO

Das »Lucca der Maremma« liegt am Nordufer des Ombrone und ist eine Provinzhauptstadt mit über 70.000 Einwohnern. Als Papst Innozenz II. den Bischofssitz von Roselle nach Grosseto verlegte, beherbergte der Ort lediglich 100 Menschen. Erst die Medici bauten Grosseto zu einer Handelsstadt aus. Während des Zweiten Weltkrieges wurde die Stadt bombardiert und große Teile dadurch zerstört. Erhalten geblieben ist u.a. die Befestigungsanlage der Medici, die die Altstadt umgibt.

Weinbergen, denn hier dominieren Felder, auf denen Gemüse und Obst angebaut wird. Die Weinberge sind nur noch vereinzelt zu sehen und werden von Olivenhainen abgelöst. Wir fahren dann hinüber auf die SS 223 in Richtung Siena. Die gut ausgebaute Straße zieht sich durch die Landschaft und wölbt sich an pittoresken Städtchen und alten Bauwerken vorbei. Wir genießen diesen Wechsel von kleinen Straßen, die auf der Landkarte oft nur noch als dünne Linien erkennbar sind, zu schnelleren Strecken. Am Morgen waren es die spitzen Kehren, die wir mit Esprit genommen haben, und jetzt ist die Geschwindigkeit die Antriebsfeder für uns. Wechselhaft geht es dann auch wieder weiter, als wir dem Wegweiser Richtung Rovine di Roselle folgen. Fast haben wir Zweifel, ob wir richtig abgebogen sind, denn die Straße ist unbefestigt und ähnelt mehr einem Feldweg als einer Straße.

Die antike Stadt Russallae

Doch wir erreichen die etruskisch-römischen Ruinen von Roselle unbeschadet. Das antike Russallae lag strategisch günstig auf einem Höhenrücken östlich der Via Aurelia und war damit eine der mächtigsten Städte während des etruskischen Bundes. Zudem war sie durch den Fluss Ombrone mit der Stadt Chiusi verbunden.

Nicht nur einmal wurde Russallae vernichtet: 294 v. Chr. von den Römern und 935 v. Chr. von den Sarazenen. Als dann auch noch der Bischofssitz nach Grosseto verlegt wurde, war ihr Schicksal besiegelt. Diese Spuren zeugen vom Aufstieg und Niedergang der Stadt. Eine hohe Zyklopenmauer umgibt das auf einem Hochplateau gelegene

Gelände und strotzt nur so vor stolzer Vergangenheit. Heute ist Roselle eine der größten Ausgrabungsstätten der Toskana. In dieser Abgeschiedenheit kann man Spuren aus der Eisenzeit und der etruskischen Epoche besichtigen. Die Stadtmauer aus diesen Tagen misst drei Kilometer und begrenzt heute noch das Ausgrabungsgelände. Findig und clever war man bereits zu jener Zeit, denn die Bürger bauten die Tore der Stadt so eng, dass die Feinde nur

Die gut ausgebaute SS 223 zieht sich durch die Landschaft, vorbei an pittoresken Städtchen.

ohne ihre Schutzschilde eindringen konnten. Für uns ist jedoch Platz genug, um einen Blick auf die uralten Mauern der römischen Häuser und die Zisternen zu werfen, bevor wir uns aufmachen gen Norden, in Richtung Siena. Wie Wellen wechseln heute die Straßen in ihrem Kurvenlauf und in ihrer Beschaffenheit, und wie auf sanften Wellen »reiten« wir denn auch auf der SS 223 in Richtung Siena. Ergreifend und anmutig breitet sie sich vor einem aus, und der Blick nach hinten verrät, dass sie zielgerichtet auf ihre Verknüpfungspunkte zuläuft.

Rodcoritt nach Monticiano

Bei Ponte Macereto biegen wir links nach Monticiano ab, und hier beginnen wir im Walzertakt zu fahren, vorbei am herrlichen Flusstal der Merse. Eine verfallene Brücke über der Merse vor einem alten Posthaus zaubert ein Stillleben, das wir fasziniert betrachten. Die fein geschwungene Straße sucht sich ihren Weg an kleinen Brücken vorbei und durch romantische Wälder. Wir erleben ein Kurven-Feeling wie bereits auf der SS 70 und sind berauscht – nicht von der

Typisch mittelalterliches Hügelstädtchen

Geschwindigkeit, sondern von der Vielfalt der Farben, die hier zu bestaunen ist. Unseren Seelen wachsen Flügel, die uns für die nächste Etappe stark machen. Drei Kilometer lang ist der Abschnitt, auf dem wir uns wie bei einem Rodeoritt fühlen. Der Straßenbelag ist aufgebrochen, und bei jeder Welle hüpfen wir. Jetzt ist es aber allerhöchste Zeit für eine Pause, denn wir haben alles gegeben. An einer Brücke halten wir, um die Füße im Wasser abzukühlen. Wir sind weit und breit allein in dieser Stille. Der Vormittag war spannend, weil er uns grandiose Aussichten bot und herausfordernde Kurvenlabyrinthe, die sich einträchtig mit beschwingten Straßen abwechselten. Als sich unser Magen meldet, fahren wir auf einer traumhaften Kurvenstraße weiter nach Monticiano.

Hier stellen wir die Motorräder vor der Schule ab, die sich wie alle anderen wichtigen Einrichtungen an der Piazza befindet. Von dort gehen sternförmig die Dorfstraßen ab – bis zum letzten Gehöft. Vor der Schule hält ein Schulbus, der wohl schon die Eltern der jetzigen Schulkinder abholte. Das alte Modell, in auffälligem Gelb lackiert, und die Aufschrift wirken wie eine Illustration aus einem Bilderbuch mit Eselsohren und Fettflecken vom häufigen Gebrauch. Das lärmende und temperamentvolle Einsteigen der Kinder in den Bus holt uns zurück in die Gegenwart.

Wenig später sind solche Momente schon wieder vergessen, als wir auf der SS 73 weiterfahren. Wir sind gespannt, ob sie ihrer nördlichen Schwester in Richtung Arezzo mit ihren geschwungenen Kurven das Wasser reichen kann. Kann sie – und wir drehen den Gashahn auf, ohne die kleinen Perlen auf der Strecke zu vergessen! Drei Kilometer vor Roccastrada machen wir einen Schlenker zum Monte Sassoforte hinauf. Eine Kurvenorgie führt uns nach Meleta, einem bezaubernden mittelalterlichen Hügelstädtchen, das einige der hochklassigsten Weine in petto haben soll. Platz ist ja im Seitenkoffer, also gönnen wir uns einen Rosso della Rocca. Auch die Einheimischen sind wieder mit ihren skurrilen Gefährten unterwegs, und gemeinsam schlängeln wir uns nach Montemassi.

Jetzt geht es kurzfristig durch flaches Land, später lupft aber die Straße wieder an, bis wir nach Roccastrada fahren, immer aufwärts durch mediterranen Busch- und Korkeichenwald. Roccastrada liegt in 475 m Höhe und bietet uns einen großartigen Aussichtspunkt. Allerdings müssen wir auch wieder hinunter; von den zahlreichen Kurven ist uns bereits schwindlig, und die Hintern sind lädiert. Also beschließen wir, zurück Richtung Monticiano zu fahren und im Albergo Da Vestro abzusteigen.

Wir fahren auf der SS 73, diesmal noch eine Spur abenteuerlicher. Als uns jedoch ein italienischer Motorradfahrer überholt, drehen wir nochmals auf. Jetzt haben wir einen Einheimischen vor uns, hinter dem wir synchron die Kurven nehmen. Obwohl wir uns so lädiert fühlen, taumeln wir im Gefühls- und Kurvenrausch ins Hotel. So ein Tag muss mit einem kulinarischen Höhepunkt enden, und nachdem wir die Müdigkeit durch Dusche und frische Klamotten abgelegt haben, lassen wir die Tour bei einem vorzüglichen Drei-Gänge-Menü Revue passieren.

Nr.	Straße km	Position	Richtung	Information
8	- 19 km	Roccastrada	Siena	Halt in Monticiano, swingende Kurven, letzte Kurve vor Monticiano heftige Kehre, Tankstelle; Albergo Da Vestro
7	- 7,5 km	Meleta	Montemassi	links nach Roccastrada, hügelig, schöne Aussicht
6	- 3 km	Casa Vadopiano	Meleta	links Monte Sassoforte; bergige Straße, viele Kehren, links nach Roccastrada, hügelig, schöne Aussicht
5	SS 73 14 km	Monticiano	Roccastrada	schöne schwungvolle Strecke; nach 14 km zum Monte Sassoforte
4	- 17 km	Ponte Macereto	Monticiano	Merse-Ufer; Kurvenspass pur, Teilstrecke schlecht ausgebaut ca. 3 km
3	SS 223 1 km	Ponte Macereto	Monticiano	links; reizvolle Landschaft
2	SS 223 10 km	vor San Giorgio		Abstecher: Rovine di Roselle, etruskisch-römische Ruinen; zurück auf die SS 223
1	SS 223 46 km	Grosseto	Siena	parallel verläuft die alte Straße Via Aurelia bis Bagno Roselle, dann rechts auf die SS 223 nach Siena, gut ausgebaute Straße

Dieses Roadbook zum Heraustrennen im Anhang

PROVINZ GROSSETO

INFORMATION

• **Grosseto**
Via Monterosa 206
Tel. 05 64 45 45 10
Fax 05 64 45 46 06

• **Siena**
Via di Città 5
Tel. 05 77 4 22 09
Fax 05 77 28 10 41

UNTERKUNFT

• **Monticiano**
Locanda del Ponte
Loc. Ponte a Macereto
Tel. 0577 75 71 08
Fax 0577 75 71 10
Der Gasthof war früher eine Poststation. Das
Ufer der Merse ist zugleich der Badestrand des

Hotels. Elegante Einrichtung, gutes Restaurant,
23 Doppelzimmer, ca. DM 200/Übernachtung.

Albergo Da Vestro
Via Senese 4
Tel. 0577 75 66 18
Fax 05 77 756466
Ein typisch toskanisches Landgut mit intakter
Architektur. 12 Zimmer, teilweise mit Terrasse,
großzügiger Garten und neuerdings ein
Schwimmbad. Doppelzimmer ca. 75 DM bis
100 DM pro Übernachtung.

• **Montieri**
Rifugio Prategiano
Via Prategiano 45
Tel. 0566 99 77 03
Fax 05 66 99 78 91
Dieses Berghotel ist keineswegs nur eine ein-
fache Herberge, sondern bietet Komfort mit
Schwimmbad, Restaurant und Sportmöglich-
keiten. Zudem wird heimische Kost zu akzep-
tablen Preisen angeboten.
20 Doppelzimmer, ca. 100 DM/Übernachtung.

*Albergho
Da Vestro*

WEINGÜTER MIT AGRITURISMO-WOHNUNGEN:

• **Meleta**
Tel. 05 64 56 71 55

ESSEN & TRINKEN

• **Grosseto**
Enoteca Ombrone,
Viale G. Mateotti 71
Restaurant mit typischen Spezialitäten der Region.

• **Monticiano**
Restaurante Da Vestro
Via Senese 4
Das Restaurant bietet toskanische Spezialitäten und beste Weine.

• **Tirli**
Trattoria da Vildo
Via della Chiesa 2
Hier kocht Mamma und bietet dem Gaumen selbst gemachte Pasta und Wildspezialitäten in charmanter Umgebung.

MOTORRAD-FAHREN

Die SS 223 ist sehr gut ausgebaut und lädt zum Geschwindigkeitsrausch ein. Atemberaubend ist die SS 73, da sie wunderbare Kurven bietet. Trotzdem gibt es immer wieder kleine Streckenabschnitte, die stark beschädigt und deshalb mit Vorsicht zu genießen sind. Die kleineren Straßen bei Monticiano

sind zum Teil gut ausgebaut und können rasant befahren werden, allerdings gibt es manchmal überraschende Kehren.

SEHENS-WÜRDIGKEITEN

• **Grosseto**
Dom San Lorenzo an der Piazza Dante und die gotische Kirche San Francesco an der Piazza dell'Independenza.

Museo Archeologico d'Arte della Maremma an der Piazza Baccarini.

Seiten-
sprung auf
die Insel

Mediterrane Atmosphäre, azurblaues Wasser und atemberaubende Küstenstraßen vervollständigen das Bild von einer heiteren Insel.

Badestrände und Berggipfel

Abgelegene Bergdörfer, die nur über abenteuerliche Kurvenstraßen zu erreichen sind, und die abwechslungsreiche Landschaft bieten fast jedem Motorradfahrer etwas. Nur wer heizen möchte, kommt hier nicht auf seine Kosten. Auch wenn Napoleon sich während seines zehnmonatigen Exils um die Infrastruktur der Insel gekümmert hat, sind gut ausgebaute Straßen nämlich nicht vorhanden. Die Bergstraßen teilt man sich mit Radrennfahrern, die Küsten-

Bereits bei der Einfahrt in den Hafen taucht man ein ins Mittelmeer-Feeling.

TOSKANISCHER ARCHIPEL

straßen mit Autos, die sich aus dem Bauch der Fähre in die traumhafte Landschaft Elbas begeben.

Der einsame Westen Elbas

Bereits bei der Einfahrt in die Bucht wird man auf Urlaub eingestimmt. Die Komposition von Fischerbooten und Yachten im malerischen Hafenrund hilft auch, den hässlichen Bau im neuen Hafenbecken zu ignorieren. Portoferraio hat den Charme einer italienischen Kleinstadt, und wir warten ungeduldig darauf, die Fähre zu verlassen. Glück für uns, die Motorradfahrer sind als Erste dran. Wir begeben uns sofort in den einsamen Westen der Insel, der bis Anfang der sechziger Jahre nur per pedes, mit dem Esel oder mit dem Boot erreichbar war.

Vom Küstenort Marciana Marina führen große Kehren hinauf nach Marciana.

Wir fahren in Richtung Marciana Marina, zu einem der schönsten Ferienorte der Insel. Bereits ab Procchio taucht man ein in eine typische toskanische Landschaft. Sanfte Hügel charakterisieren diese nur 4,5 km enge Verbindung zwischen Nordmeer und Südmeer. Eine panorama- und kurvenreiche Straße führt uns am azurblauen Meer vorbei nach Marciana Marina. Mit den letzten Kurven verlassen wir grüne Wälder und fahren durch Weingärten hinunter in den schönen Ferienort, der kaum 2000 Seelen zählt. Fischerboote und Yachten dümpeln friedlich nebeneinander

im Hafen, bewacht vom Sarazenenturm, der von Pisanern im 12. Jahrhundert errichtet wurde. Die Hafenpromenade ist bestückt mit kleinen schmucken Häusern, und hinter der Hafenmole befindet sich der Strand La Fenicia, der mit seinen Granitfelsen und Kieselsteinen die Szenerie komplett macht.

Atemberaubende Aussichten bietet diese Küstenstraße.

Die schönste Panoramastraße

Von Marciana Marina geht es in großen Kehren hinauf durch den kühlen Laubwald in Richtung Poggio – bis Marciana Alta, ein kleines Residenzstädtchen, das sich am Hang des Monte Giove (790 m) hinzieht. Verlässt man den Ort in Richtung Sant´ Andrea, erwartet einen vielleicht die schönste Panoramastraße Elbas: Felsen stürzen sich ins Meer und geben den Blick frei auf atemberaubende Buchten. Doch hier ist Vorsicht geboten: Nicht immer sind Leitplanken vorhanden, und wenn, dann wirken sie seltsam verloren.

Postkartenidylle bei Chiessi

Eng und kurvenreich geht es hinunter ins Fischerdorf Sant' Andrea, vorbei an Zitronenbäumen, Schirmpinien und Weingärten. Dieser Küstenabschnitt gilt als eines der besten Tauchgebiete der Insel, und hier endlich findet man auch einen Sandstrand, der eingerahmt von den Hügeln und Talausläufern des Monte Giove einen direkten Zugang zum Meer bietet. Sant' Andrea hat viel von seiner Ursprünglichkeit bewahrt, trotz des Touristenstroms, der sich in der Hochsaison über Elba ergießt. Weiter geht es in Richtung Porto Azzurro nach Chiessi, das sich ganz unerwartet hinter einer Kurve zeigt. Eine Postkartenidylle mit weiß getünchten Häusern und blauem Meer schafft eine romantische Atmosphäre, die auch Pomonte, weiter in Richtung Porto Azzurro, für sich verbuchen kann. Niedrige Häuser und terrassenförmige Weinhänge schaffen ein friedliches Ambiente, das uns nach der aufregenden Fahrt seltsam anmutet. Langsam verändert sich die Landschaft, sie wird karger, der Fels tritt mächtig hervor, und Feigenkakteen und Agaven beherrschen das Bild. Kann man sich satt sehen? Nein,

Steilhänge stürzen sich ins Meer.

denn die Farben changieren von azurblau hin zu türkis, die Vegetation verändert sich – auch die Strecke nach Porto Azzurro bietet ständig neue Herrlichkeiten für die Sinne. So

präsentiert sich Marina di Campo mit wundervollen Sandstränden und schattigen Pinienwäldern. Hier führt die Straße weiter nach Lacona, ein Touristenort, der eingebettet in die von Macchia überwucherten Hügel nur im Winter etwas Ruhe verspricht. Kurvenreich geht es weiter bis nach Porto Azzurro. Die Piazza Giacomo Matteotti bildet den Mittelpunkt des hiesigen Lebens, flankiert von Souvenir- und Mineralienläden.

Die aufgewühlte Erde

Ein paar Kilometer weiter gibt es eine neues Farbenspiel – rot leuchtet die aufgewühlte Erde an der Küste nach Cavo und steht damit im Kontrast zum Gelb des Ginsters und dem Grün der Macchia. Hier fahren wir hoch über dem Meer nach Cavo und genießen das neue Farbenspiel, das uns der Ort bietet, der dem Festland am nächsten ist. Für uns das Zeichen zurück nach Rio Marina und zum Hafen Portoferraio zu fahren, um noch eine Fähre zu erreichen. Zum Glück brauchen wir keine Reservierung, und ein letztes Mal stürzen wir uns in abenteuerlichen Kurven hinein, reißen die Maschine auf, um ein paar Autos zu überholen, und bremsen sofort wieder ab, um in die nächste Kehre zu gehen.

Nr.	Straße km	Position	Richtung	Information	
13	- 14 km	Porto Azzurro	Portoferraio Porto	zur Fähre; Fährlinien sind ausgeschildert	- 14 km
12	- 6,5 km	Cavo	Porto Azzurro	zurück fahren, dann rechts; Alternative: sehr kleine Bergstraße nach Rio nell'Elba und Portoferraio; fast nur Spitzkehren	- 6,5 km
11	- 18 km	Porto Azzurro	Rio Marina	Cavo; Badestrand, wenige Touristen	- 18 km
10	- 3 km	Abzweigung nach	Porto Azzurro	rechts zur Landzunge Capoliveri; Campingplatz	- 3 km
9	- 18 km	Marina di Campo	Porto Azzurro	rechts abbiegen; Badeort Lacona, Campingplatz	- 18 km
8	- 1,5 km	Marina di Campo	Porto Azzurro	rechts, links liegt der Flughafen La Pila	- 1,5 km
7	- 23 km	Sant' Andrea	Marina di Campo	Küstenstraße, steile Abhänge, grandioser Blick, Sandstrand Chiessi	- 23 km
6	- 6 km	Marciana Alta	Sant' Andrea	rechts hinunter Panoramastraße, aber sehr eng und kurvig	- 6 km
5	- 7 km	Marciana Marina	Poggio	bis Marciana Alta; Kehren, Waldgebiet, Radrennfahrer	- 7 km
4	- 6 km	Poggio	Marciana Marina	schmale Küstenstraße, kurvig, viele Touristen	- 6 km
3	- 2 km	San Martino	Abstecher	Villa Napoleone bei San Martino	- 2 km
2	- 7 km	Villa Romana	Marciana Marina	Meeresverbindung bis Poggio	- 7 km
1	- 3 km	Portoferraio	Marciana Marina	vom Hafen auf die Schnellstraße Villa Romana delle Grotte	- 3 km

Dieses Roadbook zum Heraustrennen im Anhang

ELBA

Lage
10 km vor der toskanischen Küste, 50 km östlich von Korsika. Elba bildet mit den Inseln Giglio, Gorgona, Capraia, Pianosa, Montecristo und Giannutri den toskanischen Archipel.

Größe
Elba ist nach Sizilien und Sardinien mit 224 km² die drittgrößte Insel.
Länge: 27 km
Breite: 18 km
Einwohner: ca. 30 000

 **INFORMATION**

• **Portoferraio**
Calata Italia 26
Tel. 05 65 91 46 71
Fax 05 65 91 63 50

Anreise über Piombino
Von Deutschland aus: Über Chiasso – Mailand, Genua auf der Autobahn 1 bis Piombino oder über den Brenner – Verona – Bologna – Florenz bis Rosignano Marittima und dann auf die Schnellstraße Richtung Piombino/Rom

Fährverbindungen, z.B. Mobyline
Piombino – Portoferraio
Ab 5.20 bis 22.00 Uhr, stündlich
Portoferrario – Piombino
Ab 4.50 bis 19.55 Uhr, stündlich

Mobyline Tel. 05 65 22 52 11
Kosten Hochsaison ca. DM 18,– pro Person
Motorrad DM 32,–

Reisezeit:
Mitte Mai bis September
Eigentlich sollte man Elba außerhalb der Saison besuchen, da es zur Sommerzeit zu nervigen Staus auf den engen und kurvenreichen Straßen kommt.

 UNTERKUNFT

In der Hochsaison Juli/August ist eine Reservierung empfehlenswert, die Preise sind zudem wesentlich höher als in der Nebensaison

• **Portoferraio**
Massimo, Calata Italia 23
Tel. 05 65 91 47 66
Fax 05 65 93 01 17

Camping Scaglieri, Ortsteil Scaglieri
Tel. 05 65 96 99 40
April–Oktober geöffnet
Der teuerste Campingplatz
auf der Insel.

• **Ape Elbana**
Salita Cosimo de´Medici 2
Tel. 05 65 91 42 45
Ältestes Hotel auf Elba.

• **Marina di Campo**
La Quiete
Ortsteil Lammia
Tel. 05 65 97 72 76

 ESSEN & TRINKEN

• **Portoferraio**
Da Luciano Scaglieri
Gemütliche Pizzeria mit Blick aufs Meer.

• **Capoliveri**
Summertime
Via Roma 56
Kleines Lokal, viele Fischgerichte.

Ísola d'Elba

• San Martino
Sechs Kilometer südöstlich von Portoferraio in Richtung Marciana befindet sich die Sommerresidenz Napoleons, die er während seines zehnmonatigen Exils bewohnte. Museo Napoleonico im Sommer von 9.00 bis 19.00 Uhr geöffnet.

• Rio Marina
Die Stadt ist das Zentrum der Eisenproduktion auf Elba. Hierzu zu besichtigen:
Museo dei Minerali Elbani. Geöffnet von 9.00 bis 12.00 Uhr und von 15.00 bis 18.00 Uhr.

• Monte Capanne
Eine Gondelbahn fährt von Marciana hoch auf den 1018 Meter hohen Monte Capanne.

MOTORRADFAHREN

Die engen und kleinen Straßen sind nicht immer mit dem besten Straßenbelag ausgestattet. Der Touristenstrom, der sich mit seinen Mietwagen über die Insel ergießt, führt in der Hochsaison zu Staus. Das Überholen ist auch für Motorradfahrer nicht immer möglich, da die Straßen selten gut einsehbar sind.

Marina di Campo

Reise in die Vergangen- heit

Nach Florenz gleiten wir vorbei am Arnotal und begegnen auf Serpentinenstrecken bei Volterra und San Gimignano den Zeugnissen der Vergangenheit.

Geburtsorte von genialen Künstlern

Wir verlassen Florenz auf der SS 67 über Signa und Lastra a Signa und überqueren den Arno bei Ponte a Signa. Damit belohnen wir uns für den turbulenten Straßengürtel um die Kunststadt herum und genießen die Begleitung des Arno an unserer Seite. Im Hintergrund sehen wir bereits die pinienbedeckten Hänge des Monte Albano. Wer Lust hat, kann im nächsten Städtchen, Montelupo Fiorentino, das Keramikmuseum im Palazzo del Podesta besuchen. Die Sammlung zeigt Stücke, die bis in die Antike zurück reichen. Wir

Romantik pur – Landschaft bei Volterra

Colle di Val d´Elsa – die Porta Nuova bietet Zutritt zur Vorstadt.

schlängeln uns weiter bis nach Empoli, einer großen Handelsstadt, deren niedrige Hügel den Hintergrund für den Fluss bilden. Sie ist vor allem dank ihrer Glasmanufakturen bekannt, und deshalb bieten natürlich auch zahlreiche Läden gläserne Souvenirs an. Nur 8 km weiter nördlich ist der Geburtsort des Allroundgenies Leonardo da Vinci. Angeblich befindet sich sein Elternhaus im Ortsteil Anchiano. Wenn man diese zauberhafte Landschaft betrachtet, kann man sich vorstellen, dass hier der große Künstler und Erfinder eine schöne Kindheit verbrachte. Im nahen Kastell des Grafen Guidi sind Sammlungen über Leonardos Leben und Werk beherbergt, außerdem eine Bibliothek und Modelle des Erfinders.

Bei Empoli fahren wir auf die SS 429 in Richtung Certaldo. Die baumgesäumte Straße führt durchs Elsa-Tal nach Certaldo, der Heimatstadt Giovanni Boccaccios, der mit dem Decamerone einen Platz in der italienischen Literatur- und Kulturgeschichte erhielt.

EMPOLI

Empoli ist eine Industriestadt mit knapp 45.000 Einwohnern. Bekannt ist sie denjenigen, die den Chianti aus der strohumflochtenen Flasche trinken, denn ein Großteil dieses Weines kommt aus Empoli. Neben den vielen Glasmanufakturen ist hier die Collegiata di S. Andrea mit ihrer Fassade aus weißem und grünem Marmor beheimatet.

San Gimignano –
Manhattan des Mittelalters

Die Straße steigt jetzt in Serpentinen an, und in der Ferne taucht San Gimignano auf. Kaum erspähen wir die Stadt der Türme, kommen bereits die ersten Weinberge und Ölbaumpflanzungen in Sicht. Der spektakuläre Anblick täuscht darüber hinweg, dass die Stadt nur ca. 300 m über dem Meer liegt. In die Hügellandschaft eingebettet, wirken die 13 noch erhaltenen Türme wie ein Ausschnitt der Skyline von Frankfurt oder New York, weshalb die Stadt auch »Manhattan des Mittelalters« genannt wird. Die berühmten Türme von San Gimignano tragen ihren Namen nach reichen Familienverbänden, denen sie als Prestige- und Verteidigungsbauten dienten. In vergangenen Zeiten gab es davon insgesamt 72, doch die Türme der besiegten Familien wurden abgetragen, sodass sich die Anzahl minimierte. Doch diese »Kastration« hat dazu geführt, daß San Gimignano und seine Silhouette mit den hoch aufragenden Türmen heute zu

Volterra im Zwielicht der Zeiten

*Kurven mit
Fun-Faktor*

einem der beliebtesten Ziele in der Toskana gehört. Mehr als acht Millionen Touristen strömen jährlich dorthin und erdrücken fast diesen reizenden Ort, der etwas mehr als 7.600 Einwohner zählt. Das bemerken wir nicht nur an dem Strom von Touristen, der uns im Ort begegnet, sondern auch daran, dass die Preise überzogen sind. Ob Souvenirshops oder Feinkostläden, egal – Grappa oder Wein ist hier teuer zu erstehen.

Deshalb fahren wir kurvenreich hinunter ins unbekanntere Colle di Val d'Elsa, eine anmutige mittelalterliche Burgstadt, die besonders im oberen Stadtteil das mittelalterliche Flair erhalten konnte. Bereits seit etruskischer Zeit wurden die Mineralvorkommen der Gegend abgebaut, später kam die Seiden- und Papierindustrie hinzu. Letztere sorgte dafür, dass hier schon 1478 eines der ersten Buchdruckzentren entstand.

Volterra – die herbe Schönheit

Wir fahren nachmittags weiter über grüne Kuppen nach Castel San Gimignano und dann auf der SS 68 nach Volterra. Auf diese Stadt kann man sich freuen, da sie bereits aus der

Ferne mit ihrer herben Schönheit die Landschaft dominiert. Scharfe Abbruchkanten kennzeichnen diese Region, da es hier zu den typischen Erdabbrüchen (Balze) kommt. Das Regenwasser trägt das Land ab und hinterlässt überall an den Lehmhügeln Abbruchkanten. Die Stadt selbst verlor auf Grund der Erosion ein Kloster und einen Teil ihrer Etruskermauer.

Diese erhabene Stadt blickt auf nahezu 3000 Jahre Geschichte zurück. Die strategische Lage für die Ansiedlung Velethri wählten die Etrusker deshalb mit Bedacht. Jetzt thront sie etwas schroff über den Flusstälern Cecina und der Era, im Hochsommer umrahmt von riesigen Getreidefeldern, in denen vereinzelt, wie Tupfer, abgelegene Gehöfte liegen. In der Talsohle baut man vor allem Sonnenblumen an, auf den Hügeln Weizen.

Eine Serpentine folgt der nächsten auf dem Weg hinunter nach Saline di Volterra, und wir durchfahren mit Schwung eine wunderschöne Hügellandschaft.

Nr.	Straße / km	Position	Richtung	Information		Straße / km
11	SS 68 / 25,5 km	Colle	Volterra	auf der Straße bleiben, gut ausgeschildert, Kreisverkehr		SS 68 / 25,5 km
10	- / 11,5 km	Colle	-	mittelalterliche Stadt, Porta Nuova; kurvige Straße in reizvoller Landschaft		- / 11,5 km
9	- / 2 km	San Gimignano	Colle	Serpentinen, links nach Colle		- / 2 km
8	- / 12 km	Certaldo	San Gimignano	Serpentinenstrecke		- / 12,5 km
7	SS 429 / 22 km	Empoli	Certaldo	Empoli; Collegiata di S. Andrea; Heimatstadt von Giovanni Boccaccio; Elsa-Tal, landschaftlich attraktiv, schöne Kurvensymmetrie		SS 429 / 22 km
6	- / 6 km	Vitiana	Pistoia	Abstecher nach Vinci, Geburtsort von Leonardo da Vinci; im Kastell des Grafen Guidi: Sammlungen zu da Vincis Leben und Werk		- / 6 km
5	SS 67 / 15 km	Montelupo	Empoli	nördlich weiterfahren auf der Landstraße		SS 67 / 15 km
4	SS 67 / 11 km	Lastra a Signa	Empoli	bis Montelupo weiterfahren; Keramikmuseum im Palazzo del Podesta; gut ausgebaute Straße, Verkehr nimmt ab		SS 67 / 11 km
3	SS 67 / 7 km	San Mauro	Empoli	links nach Lastra; Fluss Arno, über die Brücke nach Lastra a Signa		SS 67 / 7 km
2	SS 66 / - km	San Mauro	Pistoia	auf der SS 66 weiter zur Villa Medicea		SS 66 / - km
1	SS 66 / 4,5 km	Florenz	Pistoia	San Mauro a Signa		SS 66 / 4,5 km

Dieses Roadbook zum Heraustrennen im Anhang

 **INFORMATION**

• **Volterra**
Via G. Turazza
Tel. 05 88 8 61 50

• **Florenz**
Via Alessandro Manzoni 16
Tel. 05 52 33 20
Fax 05 52 34 62 86

 **UNTERKUNFT**

• **Volterra**
Albergo Villa Rioddi
Strada Provinciale Monte Volterrano
Tel. 05 88 88 051, Fax 05 88 88 074
Villa aus dem 15 Jh.

• **Florenz**
Stadthotel Casci
Via Cavour 13
Tel. 05 521 1686
Fax 055 239 64 61
Email: Casci@pn.itnet.it
Unweit vom Dom in einem Palazzo aus dem 15 Jh., Familienbetrieb mit freundlicher Atmosphäre. Einige Zimmer gehen zur Durchgangsstraße für Busse.

• **San Gimignano**
Monchino
Loc. Casale
Tel. 0577 94 11 36
Fax 0577 94 30 42
Ein altes Bauernhaus mit reizendem Garten bietet schlichte Zimmer im ehemaligen Heuschober an. Ein schön gelegenes Schwimmbad macht den Aufenthalt perfekt.

• **Casole d'Elsa**
Loc. Pietralata
Via del Teschio

Tel. 0577 948657
Fax 0577 94 84 68
Weitläufiges Hotel im toskanischen Stil. Die Zimmer sind mit ländlichen Antiquitäten einfach ausgestattet.

 **ESSEN & TRINKEN**

• **Volterra**
Osteria dei Poeti
Via Matteotti 55
Familiäres Restaurant.

• **San Gimignano**
Da Gustavo
Via San Matteo
In der 1946 gegründeten Weinstube wird man fast familiär vom Besitzerehepaar verwöhnt. Ein originelles Restaurant im Schatten der Türme.

 **EINKAUFEN**

Volterra ist berühmt für seine Produktion von Alabaster. In der Altstadt kann man Alabasterprodukte erstehen, von Vasen bis zum exklusiven Schachspiel.

 MOTORRADFAHREN

Die Straßen von Florenz nach Volterra sind in der Regel gut ausgebaut und bieten einen hohen Fun-Faktor mit Kurven und schöner Landschaft. Bei Florenz ist jedoch mit starkem Verkehr zu rechnen, und die Zufahrt nach Volterra ist ebenfalls voll.

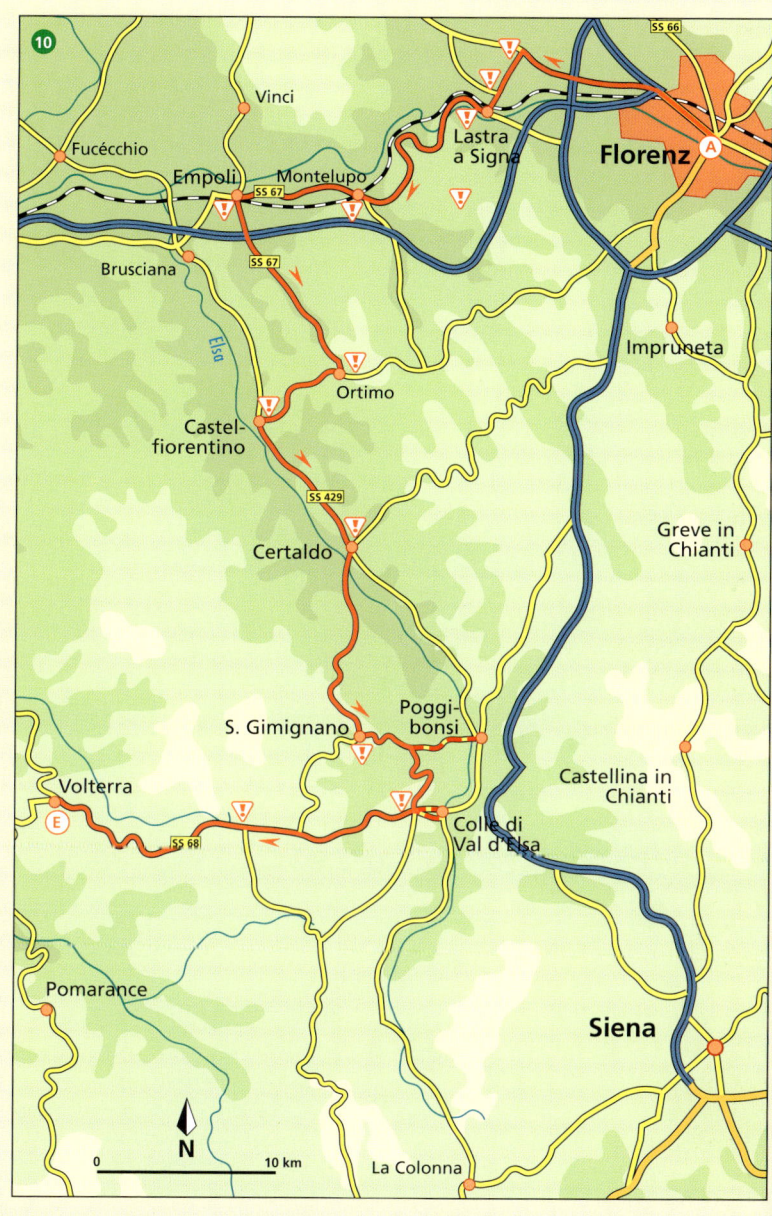

Ursprüng-
liches
Kurven-
paradies

Die Tour führt uns über schwungvolle Kurven sozusagen durch etruskische und römische Zeiten in eine surreale Welt bei Larderello, wo sich das weltgrößte Kraftwerk für Erdwärme befindet, bis zur Stadt des Bergbaus hinunter nach Massa Marittima.

Dämpfe steigen aus der Tiefe

Wie es nach Volterra hinauf ging, so geht es jetzt wieder hinunter. Serpentinen! Hinter den morgendlichen Schleiern verbirgt sich noch die bizarre Schönheit Volterras, die wir jetzt auf der SS 68, vorbei an Saline di Volterra, verlassen. Dabei folgen wir bei Saline di Volterra der Abzweigung auf die SS 439 in Richtung Massa Marittima. Die Straße führt uns schwungvoll durch wunderschöne Hügel. Vor uns liegt Montecatini Val di Cecina, deren geothermische

Schwungvolle Kurven führen an den steinernen Überresten aus etruskischer und römischer Zeit vorbei.

Generatoren aus den heißen vulkanischen Quellen Strom gewinnen, und nach Pomarance steigen heiße Dämpfe aus der Tiefe.

Hier bei Larderello ist das weltgrößte Kraftwerk für Erdwärme. So weit unser Auge reicht, sehen wir Leitungsrohre, die silbern in der Sonne glitzern und teilweise über Straßen geführt werden. Eigenwillig und seltsam fremd wirken diese technischen Kompositionen, sie sind einem Jules-Verne-Roman näher als der Moderne. Die Luft ist dabei erfüllt vom Geruch nach faulen Eiern, der uns schnell in die Realität zurückholt. Auf nüchternen Magen ist der Geruch doch etwas heftig. Nach diesen Gebilden, die sich durchs Land schlingen, beginnt die Strecke etwas interessanter zu werden, die Straße zieht sich doch in einem wilderen Verlauf im Takt mit der Natur durch bewaldete Hügel. Der Straßenbelag ist manchmal aufgerissen, und bei der Fahrt vorbei an Steineichen und Olivenbäumen hüpfen wir im Stakkato. In den vorbeifliegenden Orten wie Castelnuovo de Valle di Cecina findet man das Ursprüngliche der Toskana, da sich die Touristen eher selten hierher verirren. Für uns ist es ein Genuss, in dieser stillen Idylle vor einer Bar einen Cappuccino zu trinken, unter den wohlwollenden und interessierten

Wer die Wahl hat – hat die Qual.

Augen der Einheimischen. Nachdem wir uns gestärkt haben, sind wir auf der Suche nach einer Tankstelle. Die Reserve leuchtet bereits, als wir die erste ansteuern. Wir haben Pech, meldet uns ein handgeschriebener Zettel auf der Tanksäule – es wird gestreikt. Auf Nachfrage rät uns der Tankwart, unser Glück oben in Massa Marittima zu versuchen.

Massa Metallorum

Da wollen wir auch hin, also lassen wir die Maschinen bergab im Leerlauf fahren, um die letzten Tropfen für den kraftvollen Anstieg in die Stadt zu haben. Die Tankstelle hat noch Sprit, und der Tankwart freut sich darüber, dass sich in Kürze eine Kolonne von Autos uns anschließen wird. Massa Marittima hieß ursprünglich Massa Metallorum und war das wohlhabende Zentrum eines Bergbaugebiets, in dem neben Silber auch Kupfer und andere Metalle abgebaut wurden. Was Massa Marittima auszeichnet ist die große Piazza Garibaldi, um die herum kirchliche Gebäude planvoll stehen.

Einsame Gehöfte und herrliche Kurven machen diesen Landstrich zum genussvollen Naturerlebnis.

WESTLICHE TOSKANA

Im Stakkato durch die Wälder

Von dem Platz blickt man auf die Freitreppe und die Kathedrale. Hier kann man auch das Bergbaumuseum Museo della Miniera besichtigen, in dessen Stollen die verschiedenen Bergbau-Methoden dargestellt werden.

Neben dem Dom gibt es einen alten Weinkeller, der in das mürbe Gestein des Massivs gehauen wurde. Hier kann man neben Wein auch Tonwaren und andere Erzeugnisse der Umgebung kaufen. Mit vollem Tank fahren wir nördlich von Massa Marittima in Richtung Montieri. Vorbei an Prata, das sich an diesem Tag etwas düster und erhaben präsentiert, geht es durch eine Vielzahl von Kehren nach Montieri in Richtung San Galgano.

Kurvenparadies im Farbenrausch

Die schöne und kurvenreiche Straße bringt uns zum Kloster, das einsam im Grünen liegt. Einst die mächtigste Abtei der Gegend, verfiel der Zisterzienserbau bereits im 16. Jahrhundert. Davon künden nur noch die gotischen Strebepfeiler, die sich dem blauen Himmel entgegen strecken, umgeben von einem saftigen Grün. Hier strömt das Licht ungehindert in den großen Kirchenraum auf den Kirchenboden, der seltsamerweise eine Wiese ist. Oberhalb der Kuppe steht die Grabkirche des heiligen Einsiedlers Galgano Guidotti. Ein originelles Rund, dessen Fresken von Ambrogio Lorenzetti leider nicht gut erhalten sind.

Eine willkommene Stille breitet sich aus, die wir genießen, bevor wir ein kurzes Stück auf unserer fantastischen SS 73 und dann links zurück in Richtung Montieri fahren, um nach Radicondoli zu kommen. Eine traumhaft schöne Kurvenstrecke erwartet uns hier, umgeben von satten Farben. Die Strecke gefällt uns so gut, daß wir weiter bis nach Mensano fahren, ein mittelalterliches Städtchen wie so viele in der Region, an dem der Touristenstrom fast vorüber gegangen ist. Ein Grund mehr, hier Halt zu machen, denn auch im kleinsten Ort gibt es eine Bar, in der sich die Einheimischen treffen. Nördlich geht es – nach einer Pause – auf der schwungvollen Straße nach Casole d'Elsa und dann zurück nach Volterra.

Nr.	Straße km	Position	Richtung	Information	
14	SS 68 21 km	Colle	Volterra	herrlich kurvig	SS 68 21 km
13	17 km	Casole	Colle	dann links auf die SS 68	17 km
12	3 km	Mensano	Casole	rechts halten, auf der Straße bleiben	3 km
11	5 km	Radicondoli	Casole	bei Mensano links	5 km
10	23 km	Montieri	Radicondoli	weiter auf der kleinen Kurvenstraße bleiben	23 km
9	15 km	Abzweigung	Montieri	Kurven, Kurven	15 km
8	SS 73 3 km	-	Chiusdino	links nach Montieri	SS 73 3 km
7	SS 441 3 km	San Galgano	Monticiano	links auf die SS 73	SS 441 3 km
6	SS 441 13,5 km	Ghirlanda	Montieri	Abzweigung nach San Galgano, viele Kehren, Kloster San Galgano und Grabkirche Oratorio di San Galgano	SS 441 13,5 km
5	SS 439 3 km	Massa Marittima	Ghirlanda	zurück, dann rechts nach Montieri	SS 439 3 km
4	SS 439 29 km	Larderello	Grosseto	bis Massa Marittima, links hoch: Museo della Miniera, Museo Civico Archeologico	SS 439 29 km
3	SS 439 11 km	Pomarance	Grosseto	nach 8 km Therme di San Michele, Museo della Geothermia; besonderer Tipp: die Leitungsrohre des Erdwärmekraftwerks	SS 439 11 km
2	SS 439 15 km	Saline di. V.	Pomarance	auf der SS 439 bleiben; schwungvolle Kurvenstraße	SS 439 15 km
1	SS 68 8 km	Volterra	Cecina	Serpentinenstrecke bis Saline di Volterra, links abbiegen	SS 68 8 km

Dieses Roadbook zum Heraustrennen im Anhang

WESTLICHE TOSKANA

Für Ruhe und Kraft kann man sich hier niederlassen.

 **INFORMATION**

• **Massa Marittima**
Via Norma Parenti 22

• **Volterra**
Via G. Turazza
Tel. 05 88 8 61 50

 **UNTERKUNFT**

• **Casole d'Elsa**
Loc. Petralata, Via del Teschio 8
Tel. 05 77 94 86 57
Fax 05 77 94 84 68

• **Montieri**
Rifugio Prategiano
Einfache Herberge mit allem Komfort, Schwimmbad und Restaurant, das herzhafte Kost anbietet.

• **Massa Marittima**
Hotel Duca del Mare
Piazza Dante Alighieri 1
Tel. 05 66 90 22 84
Fax 05 66 90 19 05
Einfaches, schlichtes Hotel mit schönem Ausblick.

 ESSEN & TRINKEN

• **Ghirlanda**
Braccali
Restaurant der gehobenen Klasse mit großem Weinangebot.

• **Massa Marittima**
Taverna del Vecchio Borgo
Via Norma Parenti 13
Restaurant mit ursprünglicher Atmosphäre, typische Spezialitäten der Region.

SEHENS-WÜRDIG-KEITEN

• Larderello
Museo della Geothermia
Gelände der Elektrizitätswärme
ENEL
Von 9.00 bis 12.00 Uhr und von
13.00 bis 18.00 Uhr

• Massa Marittima
Museo della Miniera
Führungen, 50 Minuten
Vormittags 11.00 Uhr
Nachmittags ca. 15.00 Uhr

Museo Civico Archeologico
Di bis So von 10.00 bis 12.30 Uhr
und von 15.30 bis 17.00 Uhr

• San Galgano
Mitten in den Sieneser Grubenbergen liegt das entkernte Gehäuse der Abbazia di San Galgano. Das Sonnenlicht flutet durch die Maueröffnungen
und erleuchtet das Kirchenschiff.

MOTORRADFAHREN

Neben beschädigten kleinen Straßen gibt es
auf dieser Tour ein Eldorado an Kurven. Die
Umgebung von Massa Marittima ist bewaldet und kann sowohl morgens als auch
abends recht frisch sein. Deshalb wärmere
Kleidung nicht vergessen.

VERANSTALTUNGEN

• Massa Marittima
Historisches Armbrustturnier: Balestro del Girifalco, am 20. Mai und am 2. Sonntag im August.

• Pisa
Historische Ruderregatta auf dem Arno:
Regata di San Ranieri

Wüsten-
haftes
Paradies

Die Tour führt durch eine karge Erosionslandschaft, die übergeht in eine üppige toskanische Natur. Die Fahrt vereint herrliche Hügelrouten und Kurvenstrecken mit kulinarischem Hochgenuss im berühmten Weinanbaugebiet Montalcino.

Die Crete – Kulinarisches Highlight

Die Toskana ist ja bekanntermaßen ein Schlemmertempel für Feinschmecker und Weinliebhaber. Die Crete Senesi ist als Landstrich dagegen nicht so bekannt, doch kulinarisch ist sie ein wuchtiges Erlebnis. Hier kommt aus den Töpfen alles, was der Bauch Italiens zu bieten hat – und immer noch ein bisschen mehr als anderswo. Eine sinnliche Region, in der die Polenta golden schimmert und Klosterliköre aus mehr als 20 Kräutern kredenzt werden. Ein Gebiet, in

Hügelrouten durch reizvolle Landschaften

dem der Wein in Fässern und Flaschen so lange ruhen darf, bis er seinen geschmacklichen Höhepunkt erreicht. Hier fühlt man sich wie im Schlaraffenland, und deshalb sollten alle, die abnehmen wollen, ihre Diät verschieben und den kulinarischen Genüssen frönen – oder zu Hause bleiben.

Terra Creta – gesiebte Erde

Die Erosionslandschaft Crete ist der Gegensatz zur Bilderbuchtoskana, die sich mit ihren Zypressenalleen und Hügellandschaften vor unserem geistigen Auge festgesetzt hat. Die Crete, südöstlich von Siena, ist karg und zugleich faszinierend. Die schroffe Schönheit zieht Scharen von Fotografen an, die diese besondere Stimmung einfangen möchten, ob es die theatralischen Wolkenbildungen am Himmel sind oder die dekorative Leere, in der einsame Zypressen stehen, umgeben von Hügelkuppen.

Ein Salamander – Weggenosse bei Monte Oliveto Maggiore

Wir verlassen Siena auf der SS 73 in Richtung Arezzo. Eine unserer Lieblingsstrecken, denn sie ist gut ausgebaut und doch nicht langweilig und bietet mit ihren lang gezogenen Kurven Fahrspaß pur. Nach etwa 8 km verlassen wir sie und fahren über eine kleine Landstraße (SS 438) in Richtung

Asciano. Hier beginnt die karstige Hügellandschaft der Crete, die permanent von der Erosion bedroht ist. Garstig hingegen ist ein Abschnitt der SS 438, da die Straßenoberfläche zum Teil wie eine Mondlandschaft von kleinen Kratern übersät ist. Das ändert sich zum Glück bei Asciano. Da die Sonne zornig herunterbrennt, biegen wir hinter Asciano auf die SP 60 in Richtung Monte Oliveto Maggiore ab, das Olivetanerkloster, das in üppiger Vegetation eingebettet liegt. Die Straße dorthin ist abenteuerlich; wir glauben, dass die Erosion der Crete bereits auf den Fahrbahnbelag übergegriffen hat. Die wundervolle Allee, die zum Kloster hinaufführt, entschädigt allerdings für die Schläge, die uns die Straße verpasst hat. Lichte Zypressenwälder umgeben das Kloster, und hier und dort findet man, im Stillen verborgen, malerische Flecken auf dem Gelände. Der Klosterladen verkauft allerlei Dinge des täglichen Bedarfs und natürlich auch den hauseigenen Kräuterschnaps, dessen Ingredienzien die Luft mit ihrem anheimelnden Duft schwängern. An eine Steinmauer gelehnt genießen wir die meditative Stille des Ortes in Gesellschaft eines Salamanders, der sich hier bei uns prächtig wohl fühlt.

Lichte Wälder umgeben das Kloster.

PROVINZ SIENA

Montalcino – Heimat der Brunellotraube

Die Kraft, die uns die Atmosphäre gegeben hat, reicht aus, um mit vorsichtiger Fahrweise das kurze Stück Landstraße zu überstehen, bevor wir auf der SS 451 in Rich-tung Montalcino weiterfahren. Während sich die Straße geruhsam dahin schlängelt, erblicken wir bereits die Stadt Montalcino, auf einem Hügel gelegen, eingetaucht in sanfte Farben. Montalcinos Bedeutung und Tradition sticht einem in der Altstadt sofort ins Auge. In jeder Gasse gibt es Enotecas, die den Brunello di Montalcino feilbieten. Erst seit ca. 125 Jahren ist der Brunello berühmt; dies soll die Stadt der Familie Biondi-Santi zu verdanken haben, die erst durch den unverschnittenen Gebrauch der Brunello-Traube Stil und Qualität gebracht habe. Unzählige Weingüter bieten in

Nicht enden wollende Wege führen schließlich zum kulina-rischen Genuss.

und um Montalcino die Gelegenheit an, sich von der Qualität des Brunello, dessen Name von der dunklen braunen Farbe der Sangiovesetraube herrührt, zu überzeugen. Über eine kleine Landstraße verlassen wir das Zentrum des Brunello und fahren zurück in Richtung Siena, bis Buonconvento. Die Stadt liegt am Zusammenfluss von Arbia und Ombrone. Buonconvento hat seinen mittelalterlichen Charakter erhalten können und liegt schnuckelig vor einem, umgeben von Mauern, die in raueren Zeiten die Seelen des Ortes schützen sollten. Auf dem Rückweg nach Siena fahren wir auf die SS 2, eine der herrlichsten Strecken in der Toskana, weil sie durch bezaubernde Landschaften führt und den Duft des Südens versprüht. Nach den vielen Kehren auf Fahrbahnen, die der Erosion schon zum Opfer gefallen sind, ist jetzt Gas geben angesagt. Die SS 2 erlaubt es, und wir nehmen es dankbar an.

Typisches Gehöft in der Region

Nr.	Straße km	Position	Richtung	Information		Straße km
6	SS 2 25 km	Buonconvento	Siena	-	☆ ✕ ◖ ⌂	SS 2 25 km
5	8,5 km	Montalcino	Siena, S 2	nördlich zur SS 2 fahren; viele Kehren, teilweise ist die Straße beschädigt; bei Buonconvento auf die SS 2	☆ T	8,5 km
4	SS 451 32,5 km	Asciano	Montalcino	kurvige Strecke; unter der SS 2 durchfahren; Abbazia di Sant' Animo; Taverna di Barbi; Therme Bagno Vignoni	☆ ! ✕ ◖	SS 451 32,5 km
3	SP 60 12 km	Asciano	Monte Oliveto Maggiore	Olivetanerkloster; starke Beschädigung der Fahrbahn; Restaurant La Torre	▣ ✕	SP 60 12 km
2	SS 438 30 km	Abbadia	Asciano	Crete; z.T. beschädigte Straße	☆ ✕ T	SS 438 30 km
1	SS 73 8 km	Siena	Arezzo	bis Abbadia, rechts Taverna d'Arabia; schöne und gut ausgebaute Straße, rechts	◖ ☆ ✕	SS 73 8 km

Dieses Roadbook zum Heraustrennen im Anhang

*Skurile
Wegge-
fährten*

 INFORMATION

• **Arezzo**
Piazza Risorgimento 116
Tel. 05 75 2 39 52
Fax 05 75 2 80 42

• **Siena**
Via di Città 5
Tel. 05 77 4 22 09
Fax 05 77 28 10 41

 UNTERKUNFT

• **Il Giglio**
Via Soccorso Saloni 5
Haus im historischen Zentrum.

• **Buonconvento**
Fattoria Pieve a salti
Tel. 0577 80 72 44
Fax 0577 80 72 44
Zum Haus gehören Jagdgründe und Land-
wirtschaft, die das Restaurant mit Öl, Fleisch
und Wild beliefern. Es gibt Fischteiche und ein
Schwimmbad.

• **San Quirico**
Castello di Ripa d'Orcia
Loc. Castiglione d'Orcia
Tel. 0577 89 73 76
Fax 0577 89 80 38
Email: info@castelloripadorcia.com
Zum Kastell gehört eine ländliche Trattoria mit
einer Terrasse, die einen schönen Ausblick bie-
tet. Parkplatz steht zum Be- und Entladen zur
Verfügung. Apartments für 2–4 Personen und
Doppelzimmer. Mindestaufenthalt 7 Tage.

 ESSEN & TRINKEN

• **Montalcino**
Enoteca in der Festung La Fortezza, Piazza La
Fortezza. Die Enoteca führt alles, was Rang
und Namen hat: Brunello di Montalcino, den
man auch glasweise kosten kann, Mosca-
tello-Weine und Grappa. Käse und Wurst
machen das Glück perfekt.

• **Monte Oliveto Maggiore**
La Torre
Das Restaurant liegt vorm Tor des Klosters.
Restaurant mit rustikaler Küche.

Weingut Taverna dei Barbi
An der Straße zum Kloster
Sant´Antimo. Di und Mi geschlossen.

MOTORRAD-FAHREN

Die abgelegenen Strecken sind teilweise abenteuerlich, was Straßenbelag und Führung betrifft. Dagegen ist die SS 2 wunderbar ausgebaut und bietet die Gelegenheit zum Gas geben.

VERAN-STALTUNGEN

• **Montalcino**
Drosselfest Sagra del Tordo am letzten Sonntag im Oktober. Der ehemals historische Drosselschmaus wurde ersetzt durch ein Volksfest mit Weinständen und Imbissbuden.

Fahren mit Roadbook

Damit Sie die schönsten Touren ungehindert genießen können, erhalten Sie von uns das Roadbook zum schnellen Überblick zum Mitnehmen.

Mit Hilfe der Wegbeschreibungen und Kurzinfos erfahren Sie kurz und knapp, welche Abzweigungen Sie nehmen müssen und welche Attraktionen Sie am Straßenrand erwarten.

Am Anfang erhalten Sie einen kurzen Überblick über die Region und über den Routenverlauf. Das Roadbook selbst ist in übersichtliche Spalten aufgeteilt mit folgenden Informationen:

Die Kennzeichnungen **Nr./km** zählen die Kreuzungen und deren jeweilige Entfernungen zwischen den einzelnen Roadbook-Positionen auf.

Straße bezeichnet die Strecke mit der offiziellen inländischen Bezeichnung, auf der Sie sich befinden.

Position nennt die Ortschaft oder den Ort, an dem Sie sich gerade befinden.

Die Spalte **Richtung** weist darauf hin, welche Richtung Sie einschlagen müssen, um in einen Ort zu gelangen.

Piktogramme geben Ihnen genaue Anweisungen, welchen Abzweigungen Sie an den Kreuzungen folgen sollten.

Weitere Piktogramme finden Sie in der Spalte **Information**. Hier werden Sie auf besondere Sehenswürdigkeiten oder Übernachtungsmöglichkeiten hingewiesen.

Die einzelnen Piktogramme:

Sehenswert		Bikerfreundliche Gaststätte
Kirche		Tankstelle
Schloss		Badestrand
Museum		Parkplatz
Aussicht rundum		Campingplatz
Aussicht halb		Alternative, Abstecher
Achtung		Fähre/Schiff
Hotel/Übernachtung		Info

Roadbook 1
Die schönsten Routen in der Toskana

Gebiet: Nördliche Toskana
Region: Casentino
Routenverlauf: Bagno di Romagna – Passo dei Mandrioli – Badia Prataglia – Moggiona – Consuma – Vallombrosa

Nr.	Straße km	Position	Richtung	Information	
7	- 18 km	Pian di Melusa	Vallombrosa	sehr schmale kurvenreiche Waldstraße, Kloster Vallombrosa	18 km
6	- 8,5 km	Diacceto	Vallombrosa	Naturschutzgebiet, sehr enge Waldstraße, Sonntags starker Ausflugsverkehr	– 8,5 km
5	SS 70 21 km	Pontassieve / Firenze	Diacceto	Abzweigung links	SS 70 21 km
4	SS 70 18 km	Moggiona	Consuma Firenze	herrlich schwungvolle Straße	SS 70 18 km
3	SP 69 4 km	Moggiona	-	enge Waldstraße mit Kehren, teilweise schlechter Belag, Kloster Camaldoli	SP 69 4 km
2	SP 69 18 km	Badia Prataglia	Passo Fagnacci	schmale kurvenreiche Bergstraße Bar Imperio, Informationszentrum Nationalpark	SP 69 18 km
1	SS 71 18 km	Bagno di Romagna	Passo dei Mandrioli	Serpentinenstraße Pfad der Dorfkirchen	SS 71 18 km

INFORMATION

• **Arezzo**
Piazza Risorgimento 116
Tel. 0575 239 52
Fax 0575 280 42

UNTERKUNFT

• **Caprese Michelangelo**
Berghotel Fonte della Galletta
Alpe Faggetta
Tel. 0575 79 39 25
Fax 0575 79 36 52
Auf 700 m Höhe liegt dieses Berghotel südöstlich von Bibbiena, beim Ort Caprese Michelangelo, inmitten Schatten spendender Kastanien. Die Zimmer sind schlicht und einfach.

• **Bibbiena**
Borgo Antico
Via Bernado Dovizi 18, Bibbiena
Tel. 0575 53 64 45
Fax 0575 53 64 47
Ein günstiges Hotel mit dem Flair eines einstigen Palazzos.
Swimmingpool und Tennisplätze sind geboten sowie ein gutes Restaurant.

• **Cortona**
San Luca, Piazza Garibaldi 2
Tel. 0575 63 04 60
Fax 0575 63 01 05
Herrlich gelegenes Hotel mit erschwinglichen Zimmern.

Bruckmann

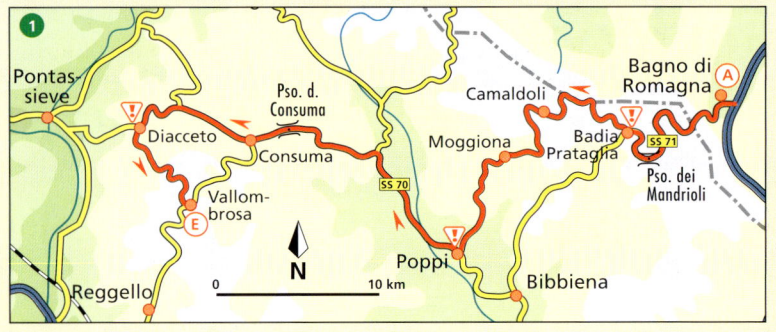

ESSEN & TRINKEN

• **Cortona**
Tonino, Piazza Garibaldi 2
Restaurant mit typischen Gerichten der Region.

Loggetta, Piazza Pescheria 3
Toskanische Küche in einem Palast aus dem 16. Jh.

MOTORRADFAHREN

Das Casentino bietet abwechslungsreiche Straßen, die kurvenreich durch Waldgebiete führen. Hier ist es angebracht, warme Kleidung dabei zu haben. In den Waldgebieten sind die Straßen häufig unbefestigt. Auf diesen schmalen Strecken begegnet man gerade am Wochenende vielen Ausflüglern, die mit Wohnmobil zum Picknick unterwegs sind.

VERANSTALTUNGEN

• **Arezzo**
Jedes erste Wochenende im Monat findet im Zentrum der Antikmarkt statt.

• **Cortona**
Essfest für Fleischfreunde am 14./15. August

AREZZO

Die alte Bergstadt Cortona und das reiche Arezzo, dessen größter Schatz der Freskenzyklus des Piero della Francesca ist, liegen im Zentrum der Provinz Arezzo. Sie reicht im Norden bis zum Monte Falterona, wo der Arno entspringt, und umfasst das bewaldete Casentino und die schön gelegenen Klosteranlagen von Camaldoli und Vallombrosa.

Roadbook 2
Die schönsten Routen in der Toskana

Gebiet: Nördliche Toskana
Region: Casentino
Routenverlauf: Vallombrosa – Consuma – Castel di Romena – Stia – Arnotal – Consuma – Vallombrosa

Nr.	Straße / km	Position	Richtung	Information	
10	- / 17 km	San Francesco	Vallom-brosa	schmale kurvige Waldstraße, mit unzähligen Kehren	- / 17 km
9	- / 1 km	Rignano	Consuma	ansteigende Kurvenstraße	- / 1 km
8	SS 69 / 1 km	Pontassieve	Rignano	Weingüter, kurvige Landstraße, Übernachtungsmöglichkeit	SS 69 / 1 km
7	SS 69 / - km	Scopeti	Firenze	links bis Pontassieve	SS 69 / - km
6	SS 67 / 14 km	Contea	Firenze / Scopeti	Arno- und Sievetal, an der Sieve entlang, reizvolle kleine Dörfer, viel Wochenendverkehr, relativ gut ausgebaut, bis Scopeti	SS 67 / 14 km
5	SS 510 / 26 km	Stia	Pontassieve	links halten, auf der SS 510 bleiben bis Contea, viele Wochenendausflügler	SS 510 / 26 km
4	SS 310 / 4 km	Tartiglia	Stia	Siebenbrückenstraße kurvig, aber etwas langsamer als die SS 70	SS 310 / 4 km
3	SS 70 / 4 km	Castel di Romena	Abstecher	Alleenzufahrt nicht befestigt; Archäologische Sammlung, Waffenmuseum; herrlicher Ausblick	SS 70 / 4 km
2	SS 70 / 11 km	Consuma	Poppi	wunderschön geschwungene Straße	SS 70 / 11 km
1	- / 9,5 km	Vallombrosa	Consuma	enge Kurvenstraße; nach rechts	- / 9,5 km

ℹ️ INFORMATION

• **Arezzo**
Piazza Risorgimento 116
Tel. 0 57 52 39 52
Fax 0 57 52 80 42

🏠 UNTERKUNFT

• **Rufina**
Fattoria di Petrognano
Via di Petrognano 40, Pomino
Tel. 055 831 88 12
Fax 055 831 67

Das Anwesen bietet Doppelzimmer oder auch Apartments für 2–10 Personen. Es liegt in den Rufina-Bergen in der berühmten Weinregion Pomino. Wer es locker und familiär mag, ist hier richtig. Das Essen wird unter weißen Gewölben im ehemaligen Stall eingenommen.

• **Caprese Michelangelo**
Berghotel Fonte della Galletta
Alpe Faggetta
Tel. 057 579 39 25
Fax 057 579 36 52
13 modern ausgestattete Zimmer finden sich in diesem Berghotel. Das Restaurant bietet heimische Gerichte von Polenta aus Kastanienmehl bis zu Wild und Trüffeln.

WEINGÜTER MIT AGRITURISMO-WOHNUNGEN:

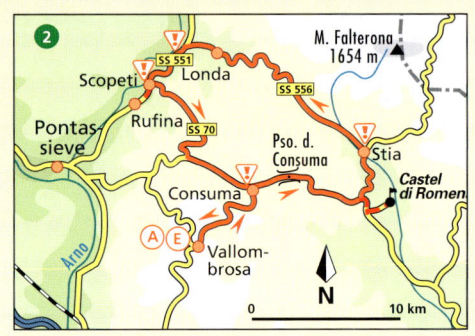

• Pomino
Fattoria di Petrognano
Via di Petrognano 40
Der Wein wird in unterirdischen Kellern gelagert. Von Oktober bis Ostern geschlossen.

• Montebonello
Fattoria di Basciano
Azienda Agricola Capiteto
Mit Swimmingpool.

ESSEN & TRINKEN

• Pratovecchio
Gliaccaniti
Klein und gemütlich, traditionelle Zubereitung.

• Castelfranco di Sopra
Vicolo del Contento
Gepflegtes Restaurant mit erstklassiger Küche und Weinauswahl.

• Stia
Da Sandro, Piazza Tannucci, 74
Das wohl exklusivste Restaurant liegt unter den Laubengängen Stias. Gegenüber liegt das Restaurant Filetto, dessen Spezialitäten beweisen, dass Stia ein kulinarischer Schlüssel zum Casentino ist, der Heimat Michelangelos.
Buchempfehlung: Die besten Trattorien der Toskana, Heyne Verlag

MOTORRADFAHREN

Die SS 70 bietet im Gegensatz zu den Waldstraßen eine gut ausgebaute Führung mit herrlich langgezogenen Kurven. Die Zufahrten zum Castel di Romena oder zur Villa Poggio Reale sind nicht befestigt. Die engen Alleen bewältigt man mit vorsichtiger Fahrweise jedoch spielend. Die Hotels und Unterkünfte erreicht man teilweise nur über abenteuerliche Kurvenstrecken.

VERANSTALTUNGEN

• Rufina
Letzte Septemberwoche Donnerstag bis Sonntag Bacco Artigiano, eine Ausstellung und Verkauf von Weinen und Kunstgewerbeartikeln.

SEHENSWÜRDIGKEITEN

• Rufina
Die Villa Poggio Reale aus dem 16 Jh., die Michelangelo entworfen haben soll, beherbergt das Weinmuseum des Chianti Rufina.

• Stia
Castel di Romena an der SS 70.

Roadbook 3
Die schönsten Routen in der Toskana

Gebiet: Provinz Florenz
Region: Chianti-Gebiet
Routenverlauf: Vallombrosa – Figline – Dudda – Impruneta – Strada – Greve – Castellina in Chianti

Nr.	Straße / km	Position	Richtung	Information	
8	SS 222 / 17,5 km	Greve	Castellina	Castellina in Chianti, gefällige Kurvenstraße, gut ausgebaut; viele Alleenzufahrten führen zu Restaurants; Erlebnismetzger in Greve	SS 222 / 17,5 km
7	SS 222 / 16,5 km	Impruneta	Per Ferrone	Schild Per Ferrone, Strecke für Laster gesperrt; nach Greve weiter; Basilika S. Maria dell'Impruneta, Pferdemarkt	SS 222 / 16,5 km
6	- / - km	Impruneta	- A	Keramik- und Töpferwerkstätten; zurück zum Ortseingang fahren, dann links	- / - km
5	SS 222 / 12 km	Strada	Imprune-ta	gut ausgebaute Straße; Chiantigiana – Straße des Weins »Gallo Nero«-Weingüter	SS 222 / 12 km
4	- / 12 km	Dudda	Impruneta / Greve	rechts abfahren	- / 12 km
3	- / 7,5 km	Ponterossa	Dudda	Chianti-Gebiet, landschaftlich schön kurvig	- / 7,5 km
2	- / 1 km	Figline	Firenze	in Ponterossa rechts	- / 1 km
1	- / 19,5 km	Vallombrosa	Figline	kleine Straße, viele Kehren bei Figline unter der Autobahn durch, dann rechts halten	- / 19,5 km

INFORMATION

• Florenz
Via Alessandro Manzoni 16
Tel. 05 52 33 20
Fax 05 52 34 62 86

• Siena
Via di Città 5
Tel. 05 77 4 22 09
Fax 05 77 28 10 41

UNTERKUNFT

• Castellina in Chianti
Tenuta di Ricavo
Loc. Ricavo 4
Tel. 0577 74 02 21
Fax 0577 74 10 14
Email ricavo@ricavo.com

Eine Gruppe kleiner Steinhäuser an einem Hügel, in der Mitte eine kiesbedeckte Piazza, die durch Zypressen und Strauchreihen gekreuzt wird. Viele Zimmer haben Terrassen ins Tal, und ein neues Schwimmbad macht den Aufenthalt perfekt, kombiniert mit dem erstklassigen Hotel.
Preisklasse 150 bis 250 DM/Doppelzimmer mit Frühstück.

Poggio al Sorbo
Hübsches kleines Gut aus dem 12. Jahrhundert. Agriturismo-Wohnungen. Weinproben für kleine Gruppen.

• Gaiole in Chianti
Castello di Tornano
Loc. Lecchi
Tel. 0577 74 60 67, 055 658 09 18 (Buchungen)
Fax 0577 74 60 67
Email: castellotornano@chiantinet.it

Bruckmann

Ein typisch toskanischer Verteidigungsturm aus grauem Stein, an dessen Sockel sich ein Bauernhaus anschließt. Jedes der 9 Apartments hat einen Wohnraum, Kochecke und ein oder zwei Schlafzimmer. Die Apartments verfügen über eigenen Eingang, Terrasse und einen Gartenbereich für sich. Das Schwimmbad liegt passenderweise an der Stelle des Burggrabens.

Am Fuße des Hügels gibt es neben einem Fischteich eine typische Trattoria mit sehr gutem Essen und freundlicher Bedienung. Sie ist auch auf die Selbstversorger vom Castel eingestellt, so gibt es morgens ab 10 Uhr Frühstück. Die Zufahrt ist mit Kieseln bedeckt, sodass man vorsichtig hochfahren sollte. Die Atmosphäre und die großzügigen Apartments entlohnen diese Anstrengung.

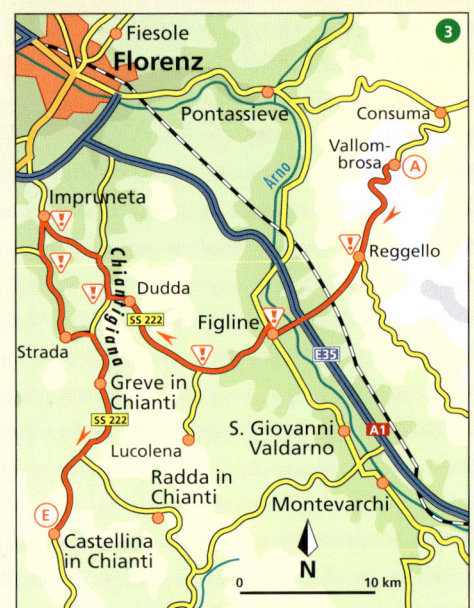

ESSEN & TRINKEN

• **Castellina in Chianti**
Albergaccio di Castellina
Trattoria/Restaurant, bekannt für seine Weinkarte. Traditionelle toskanische Küche mit moderner Note. Angemessene Preise.

• **Siena**
La Torre
Eine Trattoria, wie sie im Buche steht, und immer voll. Wer abnehmen will, hat hier nichts verloren. Die Portionen sind großzügig und schmackhaft.

MOTORRADFAHREN

Die Chiantigiana ist herrlich ausgebaut und ermöglicht ein schnelles Vorankommen quer durch eine attraktive Landschaft.

EINKAUFEN

• **Greve in Chianti**
Antica Macelleria Cecchini
Via XX Luglio 11
Metzgerei mit Erlebnischarakter.

• **Siena**
Enoteca Italica Permanente
Täglich 15 bis 24.00 Uhr
Die Enoteca befindet sich in der Festung Fortezza Medicea und hat eine riesige Auswahl an italienischen Weinen zum Probieren und Mitnehmen.

Drogheria Manganelli
Via di Città 71
Klassische Dolci und große Weinauswahl.

Wochenmarkt
Mittwoch vormittag: Piazza la Lizza

Roadbook 4

Die schönsten Routen in der Toskana

Nr.	Straße km	Position	Richtung	Information	
6	- / 21 km	Radda	Castellina	Albergo Podere Terreno	21 km
5	SS 429 / 10 km	Gaiole	Radda	Castello di Volpaia landschaftlich sehr schön	SS 429 / 10 km
4	- / 7 km	Lecchi	Gaiole	Restaurant Badia Coltibuono Convent Castello di Brolio	7 km
3	- / 3 km	San Sano	Llecchi	Hotel Castel Tornano Trattoria Castel Tornano	3 km
2	SS 408 / 19,5 km	Siena	Castel-nuovo	bis San Sano teilweise dramatische Kurven	SS408 / 19,5 km
1	SS 222 / 17 km	Castellina	Siena	Chiantigiana, sehr gut ausgebaute Straße, Siena, Piazza del Campo, Palazzo Publico, Mittwoch: Markt auf der Piazza la Lizza	SS 222 / 17 km

 INFORMATIONEN

• Florenz
Via Alessandro Manzoni 16
Tel. 0552 33 20
Fax 0552 34 62 86

• Siena
Via di Città 5
Tel. 0577 4 22 09
Fax 0577 28 10 41

 **UNTERKUNFT**

• Radda in Chianti
Podere Terreno
Via Terreno 21, Volpaia
Tel. 05 77 73 83 12
Fax 05 77 73 83 12
Dieses ländliche Gasthaus bietet einen Blick auf Weinhänge und Olivenhaine. Köstliche Gerichte im Restaurant, guter Wein und freundlicher Service. Mindestaufenthalt 2 Tage.

• Lecchi in Chianti
San Sano
Loc. San Sano
Tel. 0577 74 61 30
Fax 05 77 74 61 56
Ein alter Turm bildet den Kern des hübschen Hotels, das in San Sano liegt. Die Räume sind im typischen toskanischen Stil eingerichtet. Schwimmbad und Garten sind vorhanden.

• Mercatale
Azienda Agricola La Salvadonica
Hinter Mercatale, Via Grevignana 82
Tel. 05 58 21 80 39
Fax 05 58 21 80 43
Idyllische Bauernhäuser, mit Schwimmbad.

• Greve in Chianti
Giovanni da Verazzano
Piazza Matteotti 28
Tel. 055 85 31 89
Fax 055 85 36 48
Liegt zentral an der Piazza.

⊠ Bruckmann

CHIANTI-GEBIET

Hier schlägt das Herz der Toskana. Zwischen den Städten Siena und Florenz gelegen, ist es mit das schönste Gebiet der Toskana. Die Strecken sind kurvenreich, und die Zypressen setzen vereinzelt Ausrufezeichen in diese atemberaubende Landschaft. Die Straßen führen oft in mittelalterliche Orte, deren dunkle Gassen von der Piazza weg zu atemberaubenden Plätzen führen. Ein Abstecher in unbekannte Gefilde lohnt sich also immer.

ESSEN & TRINKEN

Tipp

Die Broschüre »Chianti News« informiert in drei Sprachen, u.a. in Deutsch, über Veranstaltungen, Vinotecas, Restaurants und Einkaufsmöglichkeiten.

VERANSTALTUNGEN

• **Siena**
Palio
Zweimal jährlich, am 2. Juli und 16. August, findet das Pferderennen statt.

MOTORRAD-FAHREN

Kleine Straßen winden sich wie Schlangen durch sanfte Hügelketten und wechseln sich mit der schnellen SS 222 ab. Die Zufahrt zum Castel di Tornano ist eher ein Feldweg, der sich nach oben windet. Hier ist Vorsicht geboten!

Roadbook 5
Die schönsten Routen in der Toskana

Gebiet: Provinz Siena
Region: Chiana-Ebene
Routenverlauf: Castellina – Castelnuovo – Arezzo – Monte San Savino – Lucignano – Montepulciano

Nr.	Straße km	Position	Richtung	Information	
7	SS 454 — 27 km	Montepulciano	Lago Trasimeno A	Badestrand	SS 454 27 km
6	SS 326 — 17 km	Torrita	Montepulciano	in Torrita links	SS 326 17 km
5	- — 6,5 km	Lucignano	Sinalunga	bis Torrita	- 6 km
4	SS 73 — 5,5 km	Monte San Savino	Lucignano	kleines Städtchen mit Flair	SS 73 5,5 km
3	SS 73 — 18 km	Monte San Savino	Arezzo A	Etruskerstadt mit Charme, Freskenzyklus, historisches Ritterstechen	SS 73 18 km
2	SS 73 — 24 km	Castelnuovo	Arezzo	bis Monte San Savino, herrliche Kurvenstrecke, Hügelroute	SS 73 24 km
1	SS 484 — 24 km	Castellina	Castelnuovo	Strada di Castelli, Grenze des Weinbaugebietes Chianti classico, abseits gelegene Kastelle	SS 484 24 km

INFORMATION

• Montepulciano
Via di Gracciano nel Corso
Tel. 05 78 75 73 41

UNTERKUNFT

• Arezzo
Castello di Gargonza
Gargonza, Monte San Savino
Tel. 05 75 84 70 21
Fax 05 75 84 70 54
Eine Allee führt an den Burgmauern vorbei den Hügel hinauf. Von den Türmen der Burg konnte man in kriegerischen Zeiten im Val di Chiana die Feinde hoffentlich rechtzeitig erspähen. Doppelbettzimmer und Apartments mit 1 bis 4 Schlafzimmern stehen zur Verfügung. Am Fuß des Hügels liegt das Restaurant Torre di Gargonza. Ein Schwimmbad sorgt für willkommene Erfrischung.

Albergo Castelletto di Montebenichi
Loc. Montebenichi, Bucine
Tel. 05 59 91 01 10
Fax 05 59 91 01 13
Luxus ab 350 DM: Zauberhaftes und elegantes Schlösschen mit hohem Wohlfühlfaktor, von November bis März geschlossen.

• Chianciano Therme
Hotel Michelangelo
Via le Piane 146
Tel. 05 78 64 004
Fax 05 78 60 480
Hotel mit Thermalschwimmbad und nettem Park, Kureinrichtungen sind ebenfalls gegeben.

Bruckmann

ESSEN & TRINKEN

• **Montepulciano**
Ristorante La Grotta
San Biagio
Täglich außer Mittwoch geöffnet.
Gegenüber der prachtvollen Wallfahrtskirche
San Biagio gelegen. Unter mächtigen Kiefern
bieten Speise- und Weinkarte alles, was des
Feinschmeckers Herz begehrt.

Il Cantuccio
Via delle Cantine 2
Fleischspezialitäten vom Grill.

MOTORRADFAHREN

Die SS 73 ist ein Kurvenparadies, auf der
man schwungvoll durch die Chiana-Ebene
rauscht. Die mittelalterlichen Städte in der
Ebene haben im Stadtkern sehr enge Gassen,
zum Teil mit steilen Abzweigungen.

SEHENS-WÜRDIGKEITEN

• **Chianciano Terme**
Die Thermenstadt liegt südlich von Siena und
ist der größte Kurort der südlichen Toskana.
Die Quellen sind besonders für Rheuma-
kranke geeignet.
Auskunft: APT Via Sabatini 7
Tel. 057 86 35 36
Fax 057 86 46 23

• **Montepulciano**
Giardino Poggifanti
Der Garten liegt gegenüber der Chiesa di
Sant'Agnese. Vom Garten aus bietet sich eine
spektakuläre Sicht in Richtung Südosten und
auf den Lago Trasimeno.

Roadbook 6
Die schönsten Routen in der Toskana

Gebiet: Südliche Toskana
Region: Monte Amiata
Routenverlauf: Montepulciano – Pienza – Bagno Vignoni – Monte Amiata – Sovana – Pitigliano – Manciano

Nr.	Straße / km	Position	Richtung	Information	
11	SS 74 / 20 km	Pitigliano	Orbetello	Manciano; Albergho Il Miravalle	SS 74 / 20 km
10	- / 7 km	Sovana	Pitigliano	Tuffsteingebirge; steile Zufahrt; viele Touristen	- / 7 km
9	SS 323 / 20 km	Santa Fiora	Sempro-niano	links nach Sovana schön ausgebaute Strecke; Kurven vor Sovana; Steinmauern; Zufahrt rechts nach Sovana	SS 323 / 20 km
8	SS 323 / 15,5 km	Castel del Piano	Santa Fiora	bis Semproniano	SS 323 / 15,5 km
7	- / 16,5 km	Abstecher **A**	Aqua-pendente	Abbadia San Salvatore	- / 16,5 km
6	- / 1 km	Castel del Piano	Aqua-pendente	links zum Monte Amiata; kurvenreiche Panoramastraße	- / 1 km
5	SS 323 / 7,5 km	Seggiano	Castel del Piano	Waldstraße zum Monte Amiata; 2. Kreuzung links	SS 323 / 7,5 km
4	SS 323 / 20 km	Bagno Vignoni	Rom	bis Seggiano	SS 323 / 20 km
3	SS 2 / 7 km	San Quirico	Rom	bis Bagno Vignoni, dann auf die SS 323	SS 2 / 7 km
2	SS 146 / 9 km	Pienza	San Quirico	links auf SS 2; Collegiata, Therme Bagno Vignoni	SS 146 / 9 km
1	SS 146 / 12 km	Monte-pulciano	Pienza	Die Idealstadt v. Pius II.; schöne Kurvenstraße	SS 146 / 12 km

 **INFORMATION**

• **Pienza**
Piazza Pio II.
Tel. 05 78 74 85 02

 **UNTERKUNFT**

• **Pienza**
La Saracina
SS 146, nordöstlich von Pienza
Tel. 05 78 74 80 22

Restauriertes Gut mit Swimmingpool in herrlicher Lage.

• **Sovana**
Taverna Etruska
Piazza Pretorio
Tel. 05 64 61 61 83
Fax 05 64 61 43 29
Acht einfache Zimmer in herrlicher Lage, direkt an der Piazza. Mit Restaurant.

• **San Quirico**
Castello di Ripa d'Orcia
Ripa d'Orcia
Tel. 05 77 89 73 76

☒ Bruckmann

Die Burg liegt an einer Schlucht hinter Bagno Vignoni. Rustikale Zimmer und Apartments und ein vorzügliches Restaurant.

• **Manciano**
Albergo Il Miravalle
Via A. Gramsci 42
Tel. 05 64 62 02 45
Einfaches und günstiges Hotel. Die Zimmer haben Dusche, WC und Fernseher. Teilweise mit Terrasse. Die Trattoria bietet ländliche Küche zum vernünftigen Preis.

ESSEN & TRINKEN

• **Pienza**
Il Prato
Viale S. Caterina
Trattoria mit hausgemachten Pasta- und Wildschweingerichten.

MOTORRAD-FAHREN

Die Straßen sind etwas enger als die gut ausgebaute SS 73, doch sie sind zum größten Teil mit gutem Belag ausgestattet. Am Monte Amiata wird es steiler, und Kehren wechseln sich temporeich ab.

VERAN-STALTUNGEN

• **San Quirico**
Festa del Barbarossa: am 3. Sonntag im Juni

Festtag mit Markt und Prozession: 1. Sonntag im September.

SEHENSWÜRDIGKEITEN

• **Bagno Vignoni**
Thermen

Roadbook 7
Die schönsten Routen in der Toskana

Gebiet: Mittelmeerküste
Region: Maremma
Routenverlauf: Manciano – Albinia – Porto Santo Stefano – Porto Ercole – Orbetello – Maremma – Grosseto

Nr.	Straße km	Position	Richtung	Information	
10	- 10 km	Spergolia	Grosseto	entweder auf die SS 1 oder geradeaus auf der Landstraße Richtung Grosseto bleiben	- 10 km
9	- 14 km	Marina di Albarese	Grosseto	bis Spergolia	- 14 km
8	- 14 km	Stazione di Albarese	Maremma	kleine Straße mit viel Esprit; reizvolle Landschaft; Naturpark Maremma, nur Busführungen erlaubt, Tickets in Marina di Albarese	- 14 km
7	SS 1 18 km	Orbetello	Grosseto	abfahren zum Nationalpark; Tankstelle Stazione di Albarese	SS 1 18 km
6	SS 440 7,5 km	Orbetello	Grosseto	auf der Schnellstraße SS 1	SS 440 7,5 km
5	- 5 km	Porto Ercole	Telegrafo	höchste Erhebung; kurvenreich, fantastischer Ausblick	- 5 km
4	- 8 km	Porto Ercole	Orbetello	zweiter Damm überm Meer	- 8 km
3	- 22 km	Porto Santo Stefano	Porto Ercole	Panoramastraße an der Küste entlang	- 22 km
2	- 12,5 km	Albinia	Porto Santo Stefano	Zufahrtsstraße übers Meer; viele Campingplätze; Hafen in Porto Santo Stefano; viele Touristen; Fähre zur Insel Giglio	- 12,5 km
1	SS 74 32 km	Manciano	Orbetello	auf der SS 74 bleiben bis Albinia; gut ausgebaute Straße; landschaftlich schön	SS 74 32 km

 INFORMATION

• **Grosseto**
Via Monterosa 206
Tel. 05 64 45 45 10
Fax 05 64 45 46 06

 **UNTERKUNFT**

• **Talamone**
Hotel Capo Dúomo
Via Cala di Forno 7
Tel. 05 64 88 70 77
Fax 05 64 72 98

• **Grosseto**
Leon d'Oro
Via S. Martino 46
Tel. 05 64 22 12 8
Fax 05 64 22 57 8
Schlichtes und ordentliches Hotel in der Nähe des Doms.

• **Castiglione della Pescaia**
Unter den vielen Campingplätzen an der Maremmaküste ein besonders empfehlenswerter.
Maremma Sans Souci
Casa Mora
Tel. 05 64 93 37 65
Fax 05 64 93 57 59

Bruckmann

Map showing the region around Grosseto, including Marina di Grosseto, Marina di Alberese, Parco Naturale della Maremma, Talamone, Fonteblanda, Albinia, Porto S. Stefano, M. Argentario (635 m), Orbetello, Porto Ercole, Scansano, Saturnia, Magliano di Toscana, Manciano, Capalbio, M. Bellino (516 m), Triana.

ESSEN & TRINKEN

• **Talamone**
La Buca
Porta Garibaldi
Ein stets belebtes Lokal, das schwer zu finden ist.
Die steile Treppe der Porta Garibaldi endet hier.

MOTORRADFAHREN

Die Straße zur Küste schnurrt durch die mediterrane Landschaft. Auf der Halbinsel ist gerade am Wochenende mit viel Ausflugsverkehr zu rechnen. Auf dem Weg zum Telegrafo teilt man sich die Strecke mit Radrennfahrern und einer Vielzahl von Ausflüglern. Beim Überholen sollte man deshalb die nächste Kehre bereits im Visier haben. Die kleine Straße zum

Parco Naturale della Maremma ist zwar schmal, aber trotzdem gut ausgebaut.

SEHENS-WÜRDIGKEITEN

• **Capalbio**
Giardino dei Tarocchi
Tarot-Skulpturenplatz der Künstlerin
Niki de Saint-Phalle.
Geöffnet im Sommer Mo bis Sa 14.30 bis 19.30 Uhr

• **Parco Naturale della Maremma**
Besucherzentrum in Albarese.
Tel. 05 64 40 70 98

VERANSTALTUNGEN

• **Grosseto**
Do Vormittag Wochenmarkt auf der Piazza del Mercato.

Roadbook 8

Die schönsten Routen in der Toskana

Gebiet: Provinz Grosseto
Region: Grosseto
Routenverlauf: Grosseto – Ponte Macereto – Meleta – Roccastrada – Monticiano

Nr.	Straße / km	Position	Richtung	Information		
8	- / 19km	Roccastrada	Siena	Halt in Monticiano, swingende Kurven, letzte Kurve vor Monticiano heftige Kehre, Tankstelle; Albergo Da Vestro		- / 19km
7	- / 7,5 km	Meleta	Montemassi	links nach Roccastrada, hügelig, schöne Aussicht		- / 7,5 km
6	- / 3 km	Casa Vadopiano	Meleta	links Monte Sassoforte; bergige Straße, viele Kehren, links nach Roccastrada, hügelig, schöne Aussicht		- / 3 km
5	SS 73 / 14 km	Monticiano	Roccastrada	schöne schwungvolle Strecke; nach 14 km zum Monte Sassoforte		SS 73 / 14 km
4	- / 17 km	Ponte Macereto	Monticiano	Merse-Ufer; Kurvenspass pur, Teilstrecke schlecht ausgebaut ca. 3 km		- / 17 km
3	SS 223 / 1 km	Ponte Macereto	Monticiano	links; reizvolle Landschaft		SS 223 / 1 km
2	SS 223 / 10 km	vor San Giorgio	A	Abstecher: Rovine di Roselle, etruskisch-römische Ruinen; zurück auf die SS 223	A	SS 223 / 10 km
1	SS 223 / 46 km	Grosseto	Siena	parallel verläuft die alte Straße Via Aurelia bis Bagno Roselle, dann rechts auf die SS 223 nach Siena, gut ausgebaute Straße		SS 223 / 46 km

INFORMATION

• **Grosseto**
Via Monterosa 206
Tel. 05 64 45 45 10
Fax 05 64 45 46 06

• **Siena**
Via di Città 5
Tel. 05 77 4 22 09
Fax 05 77 28 10 41

UNTERKUNFT

• **Monticiano**
Locanda del Ponte
Loc. Ponte a Macereto
Tel. 0577 75 71 08
Fax 0577 75 71 10

Der Gasthof war früher eine Poststation. Das Ufer der Merse ist zugleich der Badestrand des Hotels. Elegante Einrichtung, gutes Restaurant, 23 Doppelzimmer, ca. DM 200/Übernachtung.

Albergo Da Vestro
Via Senese 4
Tel. 0577 75 66 18
Fax 05 77 756466
Ein typisch toskanisches Landgut mit intakter Architektur. 12 Zimmer, teilweise mit Terrasse, großzügiger Garten und neuerdings ein Schwimmbad. Doppelzimmer ca. 75 DM bis 100 DM pro Übernachtung.

• **Montieri**
Rifugio Prategiano
Via Prategiano 45
Tel. 0566 99 77 03
Fax 05 66 99 78 91
Dieses Berghotel ist keineswegs nur eine einfache Herberge, sondern bietet Komfort mit

Bruckmann

Schwimmbad, Restaurant und Sportmöglichkeiten. Zudem wird heimische Kost zu akzeptablen Preisen angeboten.
20 Doppelzimmer, ca. 100 DM/Übernachtung.

WEINGÜTER MIT AGRITURISMO-WOHNUNGEN:

• **Meleta**
Tel. 05 64 56 71 55

ESSEN & TRINKEN

• **Grosseto**
Enoteca Ombrone,
Viale G. Mateotti 71
Restaurant mit typischen Spezialitäten der Region.

• **Monticiano**
Restaurante Da Vestro
Via Senese 4
Das Restaurant bietet toskanische Spezialitäten und beste Weine.

• **Tirli**
Trattoria da Vildo
Via della Chiesa 2
Hier kocht Mamma und bietet dem Gaumen selbst gemachte Pasta und Wildspezialitäten in charmanter Umgebung.

MOTORRAD-FAHREN

Die SS 223 ist sehr gut ausgebaut und lädt zum Geschwindigkeitsrausch ein. Atemberaubend ist die SS 73, da sie wunderbare Kurven bietet. Trotzdem gibt es immer wieder kleine Streckenabschnitte, die stark beschädigt und

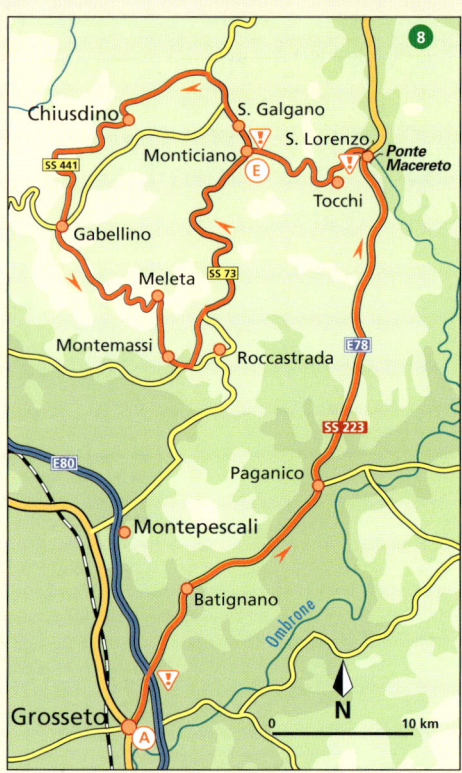

deshalb mit Vorsicht zu genießen sind. Die kleineren Straßen bei Monticiano sind zum Teil gut ausgebaut und können rasant befahren werden, allerdings gibt es manchmal überraschende Kehren.

SEHENS-WÜRDIGKEITEN

• **Grosseto**
Dom San Lorenzo an der Piazza Dante und die gotische Kirche San Francesco an der Piazza dell'Independenza.

Museo Archeologico d'Arte della Maremma an der Piazza Baccarini.

Roadbook 9
Die schönsten Routen in der Toskana

Gebiet: Toskanischer Archipel
Region: Elba
Routenverlauf: Portoferraio – Marciana Marina – Poggio – Sant´Andrea – Chiessi – Porto Azzurro – Cavo – Portoferraio

Nr.	Straße / km	Position	Richtung	Information	
13	- / 14 km	Porto Azzurro	Portoferraio Porto	zur Fähre; Fährlinien sind ausgeschildert	- / 14 km
12	- / 6,5 km	Cavo	Porto Azzurro	zurück fahren, dann rechts; Alternative: sehr kleine Bergstraße nach Rio nell'Elba und Portoferraio; fast nur Spitzkehren	- / 6,5 km
11	- / 18 km	Porto Azzurro	Rio Marina	Cavo; Badestrand, wenige Touristen	- / 18 km
10	- / 3 km	Abzweigung nach	Porto Azzurro A	rechts zur Landzunge Capoliveri; Campingplatz	- / 3 km
9	- / 18 km	Marina di Campo	Porto Azzurro	rechts abbiegen; Badeort Lacona, Campingplatz	- / 18 km
8	- / 1,5 km	Marina di Campo	Porto Azzurro	rechts, links liegt der Flughafen La Pila	- / 1,5 km
7	- / 23 km	Sant´Andrea	Marina di Campo	Küstenstraße, steile Abhänge, grandioser Blick, Sandstrand Chiessi	- / 23 km
6	- / 6 km	Marciana Alta	Sant´Andrea	rechts hinunter Panoramastraße, aber sehr eng und kurvig	- / 6 km
5	- / 7 km	Marciana Marina	Poggio	bis Marciana Alta; Kehren, Waldgebiet, Radrennfahrer	- / 7 km
4	- / 6 km	Poggio	Marciana Marina	schmale Küstenstraße, kurvig, viele Touristen	- / 6 km
3	- / 2 km	San Martino	Abstecher A	Villa Napoleone bei San Martino	- / 2 km
2	- / 7 km	Villa Romana	Marciana Marina	Meeresverbindung bis Poggio	- / 7 km
1	- / 3 km	Portoferraio	Marciana Marina	vom Hafen auf die Schnellstraße Villa Romana delle Grotte	- / 3 km

INFORMATION

• **Portoferraio**
Calata Italia 26
Tel. 05 65 91 46 71
Fax 05 65 91 63 50

Fährverbindungen, z.B. Mobyline
Piombino–Portoferraio

Ab 5.20 bis 22.00 Uhr, stündlich
Portoferrario–Piombino
Ab 4.50 bis 19.55 Uhr, stündlich

Mobyline Tel. 05 65 22 52 11
Kosten Hochsaison ca. DM 18,– pro Person
Motorrad DM 32,–

Bruckmann

UNTERKUNFT

In der Hochsaison Juli/August ist eine Reservierung empfehlenswert, die Preise sind zudem wesentlich höher als in der Nebensaison

• Portoferraio
Massimo, Calata Italia 23
Tel. 05 65 91 47 66
Fax 05 65 93 01 17

• Ape Elbana
Salita Cosimo de´Medici 2
Tel. 05 65 91 42 45

• Marina di Campo
La Quiete
Ortsteil Lammia
Tel. 05 65 97 72 76

SEHENS-WÜRDIGKEITEN

• San Martino
Sechs Kilometer südöstlich von Portoferraio in Richtung Marciana befindet sich die Sommerresidenz Napoleons, die er während seines zehnmonatigen Exils bewohnte. Museo Napoleonico im Sommer von 9.00 bis 19.00 Uhr geöffnet.

• Rio Marina
Die Stadt ist das Zentrum der Eisenproduktion auf Elba. Hierzu zu besichtigen:
Museo dei Minerali Elbani. Geöffnet von 9.00 bis 12.00 Uhr und von 15.00 bis 18.00 Uhr.

• Monte Capanne
Eine Gondelbahn fährt von Marciana hoch auf den 1018 Meter hohen Monte Capanne.

ESSEN & TRINKEN

• Portoferraio
Da Luciano Scaglieri
Gemütliche Pizzeria mit Blick aufs Meer.

• Capolivieri
Summertime
Via Roma 56

MOTORRADFAHREN

Die engen und kleinen Straßen sind nicht immer mit dem besten Straßenbelag ausgestattet. Der Touristenstrom, der sich mit seinen Mietwagen über die Insel ergießt, führt in der Hochsaison zu Staus. Das Überholen ist auch für Motorradfahrer nicht immer möglich, da die Straßen selten gut einsehbar sind.

Roadbook 10
Die schönsten Routen in der Toskana

Gebiet: Provinz Siena
Region: Volterra
Routenverlauf: Florenz – Lastra a Signa – Vinci – Empoli – San Gimignano – Colle di Val d'Elsa – Volterra

Nr.	Straße / km	Position	Richtung	Information	
11	SS 68 / 25,5 km	Colle	Volterra	auf der Straße bleiben, gut ausgeschildert, Kreisverkehr	SS 68 25,5 km
10	- / 11,5 km	Colle	-	mittelalterliche Stadt, Porta Nuova; kurvige Straße in reizvoller Landschaft	- 11,5 km
9	- / 2 km	San Gimignano	Colle	Serpentinen, links nach Colle	- 2 km
8	- / 12 km	Certaldo	San Gimignano	Serpentinenstrecke	- 12,5 km
7	SS 429 / 22 km	Empoli	Certaldo	Empoli; Collegiata di S. Andrea; Heimatstadt von Giovanni Boccaccio; Elsa-Tal, landschaftlich attraktiv, schöne Kurvensymmetrie	SS 429 22 km
6	- / 6 km	Vitiana	Pistoia A	Abstecher nach Vinci; Geburtsort von Leonardo da Vinci; im Kastell des Grafen Guidi: Sammlungen zu da Vincis Leben und Werk	- 6 km
5	SS 67 / 15 km	Montelupo	Empoli	nördlich weiterfahren auf der Landstraße	SS 67 15 km
4	SS 67 / 11 km	Lastra a Signa	Empoli	bis Montelupo weiterfahren; Keramikmuseum im Palazzo del Podesta; gut ausgebaute Straße, Verkehr nimmt ab	SS 67 11 km
3	SS 67 / 7 km	San Mauro	Empoli	links nach Lastra; Fluss Arno, über die Brücke nach Lastra a Signa	SS 67 7 km
2	SS 66 / - km	San Mauro	Pistoia	auf der SS 66 weiter zur Villa Medicea	SS 66 - km
1	SS 66 / 4,5 km	Florenz	Pistoia	San Mauro a Signa	SS 66 4,5 km

INFORMATION

• **Volterra**
Via G. Turazza
Tel. 05 88 8 61 50

• **San Gimignano**
Monchino
Loc. Casale
Tel. 0577 94 11 36
Fax 0577 94 30 42

UNTERKUNFT

• **Volterra**
Albergo Villa Rioddi
Strada Provinciale Monte Volterrano
Tel. 05 88 88 051, Fax 05 88 88 074
Villa aus dem 15 Jh.

ESSEN & TRINKEN

• **Volterra**
Osteria dei Poeti
Via Matteotti 55
Familiäres Restaurant.

Bruckmann

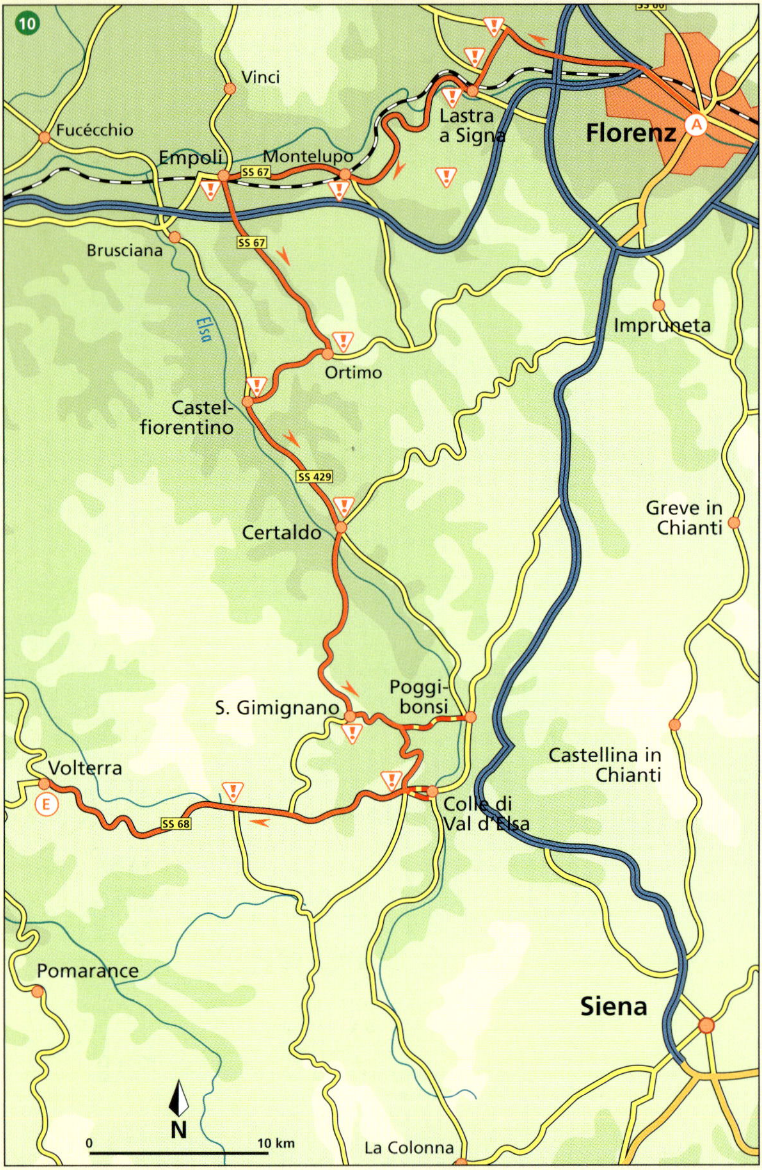

Vinci

Fucécchio

Empoli
SS 67

Montelupo

Lastra a Signa

Florenz A

SS 66

Brusciana

SS 67

Elsa

Impruneta

Ortimo

Castel-fiorentino

SS 429

Greve in Chianti

Certaldo

Poggi-bonsi

S. Gimignano

Castellina in Chianti

Volterra

E

SS 68

Colle di Val d'Elsa

Pomarance

Siena

N

0   10 km

La Colonna

• **San Gimignano**
Da Gustavo
Via San Matteo

In der 1946 gegründeten Weinstube wird man
fast familiär vom Besitzerehepaar verwöhnt.

 **EINKAUFEN**

In der Altstadt kann man Alabasterprodukte
erstehen.

Roadbook 11
Die schönsten Routen in der Toskana

Gebiet: Westliche Toskana
Region: Volterra
Routenverlauf: Volterra – Pomarance – Larderello – Massa Marittima – Montieri – San Galgano – Casole d'Elsa – Volterra

Nr.	Straße km	Position	Richtung	Information	
14	SS 68 / 21 km	Colle	Volterra	herrlich kurvig	SS 68 / 21 km
13	- / 17 km	Casole	Colle	dann links auf die SS 68	- / 17 km
12	- / 3 km	Mensano	Casole	rechts halten, auf der Straße bleiben	- / 3 km
11	- / 5 km	Radi-condoli	Casole	bei Mensano links	- / 5 km
10	- / 23 km	Montieri	Radi-condoli	weiter auf der kleinen Kurvenstraße bleiben	- / 23 km
9	- / 15 km	Abzwei-gung	Montieri	Kurven, Kurven	- / 15 km
8	SS 73 / 3 km	-	Chiusdino	links nach Montieri	SS 73 / 3 km
7	SS 441 / 3 km	San Galgano	Monti-ciano	links auf die SS 73	SS 441 / 3 km
6	SS 441 / 13,5 km	Ghirlanda	Montieri	Abzweigung nach San Galgano, viele Kehren, Kloster San Galgano und Grabkirche Oratorio di San Galgano	SS 441 / 13,5 km
5	SS 439 / 3 km	Massa Marittima	Ghirlanda	zurück, dann rechts nach Montieri	SS 439 / 3 km
4	SS 439 / 29 km	Larderello	Grosseto	bis Massa Marittima, links hoch: Museo della Miniera, Museo Civico Archeologico	SS 439 / 29 km
3	SS 439 / 11 km	Pomarance	Grosseto	nach 8 km Therme di San Michele, Museo della Geothermia; besonderer Tipp: die Leitungsrohre des Erdwärmekraftwerks	SS 439 / 11 km
2	SS 439 / 15 km	Saline di. V.	Pomarance	auf der SS 439 bleiben; schwungvolle Kurvenstraße	SS 439 / 15 km
1	SS 68 / 8 km	Volterra	Cecina	Serpentinenstrecke bis Saline di Volterra, links abbiegen	SS 68 / 8 km

INFORMATION

• Massa Marittima
Via Norma Parenti 22

• Volterra
Via G. Turazza
Tel. 05 88 8 61 50

UNTERKUNFT

• Casole d'Elsa
Loc. Petralata, Via del Teschio 8
Tel. 05 77 94 86 57
Fax 05 77 94 84 68

Bruckmann

• Montieri
Rifugio Prategiano
Einfache Herberge mit allem Komfort, Schwimmbad und Restaurant, das herzhafte Kost anbietet.

• Massa Marittima
Hotel Duca del Mare
Piazza Dante Alighieri 1
Tel. 05 66 90 22 84
Fax 05 66 90 19 05
Einfaches, schlichtes Hotel mit schönem Ausblick.

ESSEN & TRINKEN

• Ghirlanda
Braccali
Restaurant der gehobenen Klasse mit großem Weinangebot.

• Massa Marittima
Taverna del Vecchio Borgo
Via Norma Parenti 13
Restaurant mit ursprünglicher Atmosphäre, typische Spezialitäten der Region.

MOTORRADFAHREN

Neben beschädigten kleinen Straßen gibt es auf dieser Tour ein Eldorado an Kurven. Die Umgebung von Massa Marittima ist bewaldet und kann sowohl morgens als auch abends recht frisch sein. Deshalb wärmere Kleidung nicht vergessen.

VERANSTALTUNGEN

• Massa Marittima
Historisches Armbrustturnier: Balestro del Girifalco, am 20. Mai und am 2. Sonntag im August.

• Pisa
Historische Ruderregatta auf dem Arno: Regata di San Ranieri

SEHENSWÜRDIGKEITEN

• Larderello
Museo della Geothermia
Gelände der Elektrizitätswärme ENEL
Von 9.00 bis 12.00 Uhr und von 13.00 bis 18.00 Uhr

• Massa Marittima
Museo della Miniera
Führungen, 50 Minuten
Vormittags 11.00 Uhr
Nachmittags ca. 15.00 Uhr

Museo Civico Archeologico
Di bis So von 10.00 bis 12.30 Uhr und von 15.30 bis 17.00 Uhr

• San Galgano
Mitten in den Sieneser Grubenbergen liegt das entkernte Gehäuse der Abbazia di San Galgano. Das Sonnenlicht flutet durch die Maueröffnungen und erleuchtet das Kirchenschiff.